抢分

偏科自救指南

何圣君◎著

U0131627

人民邮电出版社

北京

图书在版编目（ＣＩＰ）数据

抢分：偏科自救指南 / 何圣君著. -- 北京：人民
邮电出版社，2024.3（2024.4重印）
ISBN 978-7-115-62822-0

Ⅰ．①抢… Ⅱ．①何… Ⅲ．①课程－高中－升学参考
资料 Ⅳ．①G634

中国国家版本馆CIP数据核字(2023)第187406号

◆ 著　　　　何圣君
　 责任编辑　朱伊哲
　 责任印制　周昇亮
◆ 人民邮电出版社出版发行　　北京市丰台区成寿寺路 11 号
　 邮编　100164　电子邮件　315@ptpress.com.cn
　 网址　https://www.ptpress.com.cn
　 河北京平诚乾印刷有限公司印刷
◆ 开本：880×1230　1/32
　 印张：6.75　　　　　　　　2024 年 3 月第 1 版
　 字数：117 千字　　　　　　2024 年 4 月河北第 2 次印刷

定价：59.80 元

读者服务热线：**(010)81055296**　印装质量热线：**(010)81055316**
反盗版热线：**(010)81055315**
广告经营许可证：京东市监广登字 20170147 号

目　录

失分的本质
你为什么会偏科

破解偏科
打破失分的负向回路

03　对待偏科
你可以试试这些高效学习法

04　抢分实战
如何把弱科"捡"起来

05 简单有效的考场策略
助你从容应对考试

失分的本质

你为什么会偏科

认知盲区：学科思维的个体差异

你是否听过一种说法——男生通常数学、物理成绩好，而女生则容易在语文、英语等学科拿到高分？

这种说法虽然不够科学严谨，但却从侧面反映出一个事实——不同的人面对不同的学科时，思维上是存在一定差异的，这种差异就会导致有些人在语文考试中名列前茅，而另一些人则可能特别擅长数学这一学科。

所以，如果没有外力干涉，偏科现象并不是你不够努力造成的，而是一种自然存在的普遍现象。初始状态下的偏科，其实和我们的多元智力存在紧密联系。

多元智力

什么是多元智力？

请想象你正在玩一个全新的网络游戏，在你创建角色时，系统会把初始天赋点数随机分给角色的攻击力、防御力、魔法力、精神力等不同的属性，这就构成了角色在"新手村"时的初始状态。

 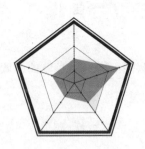

现实虽然不是游戏，但在从婴儿逐渐成长为适龄学生的过程中，由于基因、环境等各种因素的影响，我们的这些"属性数值"也是完全不同的。

是的，这里用来类比的属性数值，就是人类的多元智力。

美国教育学家和心理学家霍华德·加德纳在其著作《智能的结构》中，首次系统性地提出了"多元智力"模型，他认为个体在实际的生活和学习中，解决自己遇到的难题或进行创造时，所需要的能力不能简单地归纳为单一的"智力"，而应由多种类型的智能综合而成，具体如下。

言语语言智能 对语言的理解、表达等灵活运用的能力。

数学逻辑智能 对逻辑结果关系的理解以及对逻辑的推理能力。

视觉空间智能 对色彩、空间位置的感受以及对三维世界思考和想象的能力。

音乐韵律智能 对音乐、韵律感受、辨别、记忆、表达的能力。

身体运动智能 身体的协调、平衡能力以及运动时的力量、速度和灵活性。

人际沟通智能 感知、认知他人情绪并做出适当反应的能力。

自我认识智能 认识、洞察和反省自身，了解自身优缺点的能力。

自然观察智能 观察自然界事物以及辨认、区分和洞察自然或人造系统的能力。

你可能已经看出来了，不同智能水平的高低会影响一个人是否在某些学科上存在偏科现象，因为这些不同的智能分别会与不同学科产生联系，比如：语文、英语的学习主要需要言语语言智能；数学、物理的学习则主要对应数学逻辑智能和视觉空间智能；自然观察智能水平很高的学生，他们的生物往往不会学得太差；等等。

可以说，加德纳的多元智力模型破除了人们过往认为学习成绩好只依赖较高的智力与记忆力水平的盲区。也就是说，学科思维所需要的能力并不是单一的所谓智力，学生需要通过提高相关智能水平，才能以优良的成绩走出"新手村"，并且在后面不同的"学科关卡"中表现出色。

1 万小时定律与刻意练习

你在哪个学科上存在偏科现象呢？比如在学生时代，我在英语、地理、生物等学科上成绩一直名列前茅，物理成绩却老是不尽如人意。但是没关系，这只能说明，相对于其他物理成绩优异的同学而言，我的数学逻辑智能和视觉空间智能的初始属性数值可能比较低，我只要通过刻意练习，去提升这两方面的属性数值就能提高成绩了。

但具体要怎样做才能提高呢？这里就要引入两个概念，一个是 1 万小时定律，另一个是刻意练习。

我们先说 1 万小时定律。他是美国作家马尔科姆·格拉德威尔在《异类》一书中首次提出的，这个概念的意思是：世人眼中的天才，看起来似乎卓越非凡，天资超人，但他们中很少有人天生如此，而是通过将时间投入某个方向锤炼而来；而1万小时的锤炼则是一个普通人从平凡人变成世界级大师的必要条件。

当然，你可能只是希望提升弱势科目的成绩而已，不至于把目标设定为变身世界级大师。所以，你自然也没必要一定要投入1万小时，投入100小时用来迎头赶上，足矣。

100小时听起来好像很多，但如果每天花1~2小时"有策略地"主攻相应学科，那么你只需要坚持50~100天，就能获得显著成果了。

但是，我之所以用双引号特别强调"有策略地"这4个字，是因为如果只是简单机械地投入时间，你依然无法获得想要的结果。所以，这就引出了第二个概念：刻意练习。

刻意练习，出自美国心理学教授安德斯·艾利克森之手，它有一个关键的法则，叫作3F法则。

第一个F，Focus，专注。在对自己的某项智能进行练习时，你需要找到一个安静的环境，让自己进入十分专注的状态。是的，我知道你想说，你也想专注，但要真正进入专注状态并不容易，这也是我们后面需要探讨的内容。

第二个F，Feedback，反馈。你的每次练习要能获得反馈，因为一个人只有知道自己错在哪里，才知道在哪里提升。

关于反馈的获得，有多种路径与方法，你在后面的篇章中一定能找到适合自己的高效学习方法。

第三个 F，Fix it，修正。获得反馈、发现错误后，不要慌乱，把错误修正过来，并牢牢地记住它，避免下次在同一个地方跌倒，避免在类似的题型上失分。但我猜你跌进同一类"坑"也一定不是一两次了，所以，关于怎样真正实现有效修正，我也会"手把手"地指导你学习相关策略。

恭喜你！专注地读完了第一节！以下是给你的阅读反馈。

现在，你已经打破了自己的认知盲区，理解了多元智力模型、1 万小时定律和刻意练习的 3F 法则，接下来，再让我们一起解决"对某个学科不感兴趣"的问题。

负向回路：你为什么对某个学科不感兴趣

很多人都有对某个学科不感兴趣的经历。比如会有同学说自己就是不喜欢上数学课，一看到数学课本就烦躁；也有人讨厌英语，一背单词头就疼，他们会反馈——很多单词看着眼熟，但就是不知道是什么意思，这让他们特别沮丧。

为什么我们会对某些学科提不起兴趣呢？这需要从一个叫作波利亚罐的模型说起。

波利亚罐模型

什么是波利亚罐模型？它是由匈牙利数学家波利亚提出的一个有趣模型。

请你想象有这么一个罐子，最初，罐子里只有 1 颗白球和 1 颗黑球。只要你摸到任意 1 种颜色的小球，按照规则，你不仅要把这种颜色的小球放回去，而且还要再多放 1 颗相同颜色的小球。比如你摸到 1 颗白球，就要放回 2 颗白球。

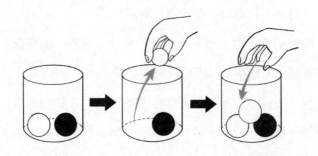

　　我们假设你在初次学习数学时，由于你的数学逻辑智能水平高于这次学习所需要的智能水平，你把这道题目做对了，这次的体验让你得到了成就感。这就相当于你在这一次摸球的过程中摸到了白球，然后往波利亚罐中放回了 2 颗白球。

　　那么现在在你有关数学的波利亚罐里就有 2 白 1 黑共 3 颗小球了。此时，你摸到白球的概率就不再是 1 白 1 黑的 50%，而是 2 白 1 黑的约 67%。

　　摸到白球的概率上升有什么现实意义吗？它能让你在下一次学习数学时，从内心涌现出跃跃欲试的冲劲，而且还能让你有更高的积极性去投入时间和精力，去通过前面我们说过的刻意练习的方法，设法弄懂更难的题目，进一步提升自己的数学逻辑智能水平。

这就是一个"因增强了果，果又反过来增强因"的增强回路，它能在你循序渐进的数学学习过程中，让你日拱一卒地累积更多白球，让你对学好数学充满信心。

如果用该模型去想象你们班的数学"学霸"的情况，他的波利亚罐中大概率是满满一罐白色小球。

与之相反，如果某位同学非常不幸运，在最初的摸球过程中摸到了黑球，接着又放回了2颗黑球。长此以往，由于这位同学有关该学科的波利亚罐中的黑球越来越多，他继续摸到黑球的概率也会不断上升。

这就让他进入了一个同样的"因增强了果，果又反过来增强因"的负向回路，一旦在这类负向回路中越陷越深，随着年级的升高和学科题目难度的增加，该同学就会越来越对自己学好这个学科缺乏自信。偏科，就是这么产生的。

读到这里，你一定会说："唉，如果一不小心进入了负向回路，要是能回到最初波利亚罐中只有1白1黑2颗小球的那一天就好了。"只可惜，回不去了。

可是，回不到过去，就代表没有办法了吗？

💡 导航思维

为了打破负向回路，一个行之有效的办法就是设法启动"导航思维"。

什么是导航思维呢？你在坐车的时候注意过导航系统吗？当你们的汽车一不小心驶入了一条错误道路，导航系统就会在交通法规的框架下，马上帮你们重新规划以当下为起点的前往目的地的最优路径。

是的，这种以当下为起点，重新规划最优路径的思考方式就是导航思维。

对于已经发生的偏科现象，为了让这个学科对应的波利亚罐中的白球从此刻开始越变越多，你可以使用以下3个策略。

策略一：重置计划。

就像导航系统发现走错路时不会任由汽车继续往错误的方向行驶，而是会立刻重新规划路线一样，要破解偏科、打破失分的负向回路，你也要以当下为起点，针对相应的学科重新制订学习计划。

这些学习计划应包含：记录和调整自己的时间投入，攻克基础题型，重置作业优先级，如何向老师请教，如何与同学讨论，如何通过假期补齐短板，如何通过让自己摸到白球培养成就感，如何借鉴"学霸"的技巧，如何执行计划并最终获得期望的结果。

尽管这并不是一个容易的过程，但只要开始重置计划，你就已经成功了一半。这些内容都会在本书后面的内容中详细展开。

策略二：习得高效。

你可能听说过阿兹特克文明，它是美洲古代三大文明之一。在面对外敌入侵时，阿兹特克人非常擅长使用人海战术，也就是用大量部队"死缠"敌军，直到敌军崩溃。

但这种人海战术在遭遇来自西班牙的先进远程武器打击时，非常吃亏，因为密集队形会让人变成非常容易被命中的活靶子，造成惨重的伤亡。1521 年，阿兹特克文明被西班牙殖民者科尔特斯率领的远征军毁灭。

这就是先进远程武器维度"降维"打击的力量。

在学习上也是一样的，如果你仍旧使用低效的学习策略，那么与使用高效学习策略的"学霸"比起来，就相当于阿兹特克人用人海战术与用先进远程武器的西班牙人进行较量。如果你也能掌握更高效的学习策略，你的学习成绩大概率不会比身边的"学霸"差。

策略三：分而治之。

当你有了重置后的计划，也学习了如何高效学习，接下来的任务就是进行真正的抢分实战了。因为每个学科都有每个学科的学习技巧，这些具体的技巧都能让你在学习这个学科时事半功倍。

比如在语文写作中，作文的结构清晰，并且在结尾处引用一个和文章整体有密切关联的金句，这两个技巧往往能让你的作文分数提高 6~8 分，甚至更多；又比如英语，背单词一直是一个让人头疼的问题，但如果你运用闯关法或者运用艾宾浩斯记忆曲线的背单词 App 背单词，那么你的词汇量就很可能在一段时间内发生重大突破。

打破偏科的负向回路一点都不难。

第一步，理解波利亚罐模型，想象自己在罐中摸球。

第二步，运用"重置计划""习得高效""分而治之"这 3 个策略。

这样你就有很大的把握，在弱势科目上重新抢回本属于你的分数。

自证预言：如果你不喜欢某个学科的老师

在学校里，你会发现，如果你特别喜欢某个学科的老师，这个学科的成绩也会相对更好；但如果你不喜欢某个学科的老师，你在这个学科上则很可能表现糟糕。这是什么原因呢？

事实上，除了具体的学习策略，心理因素也会对你的分数产生重要影响。所以这一节，我希望再次打破你的认知盲区，帮助你通过理解人类心理的认知偏差，来破解学科老师因素对你的学习效果产生的影响，为你正式踏上"抢分之路"做好准备。

自证预言

什么是自证预言？自证预言，又称罗森塔尔效应。它是一种典型的人类心理认知现象，是指教师对学生的殷切期望会在客观上帮助学生提高成绩。

有关自证预言的心理学实验发生在 1968 年。当时，美国心理学家罗森塔尔和他的同事雅各布森在一所学校进行了这次在后世广为流传的心理学实验。

　　两人从各年级挑选了若干个班级的学生，并对这些学生进行了一场"关于未来发展趋势的测验"。

　　测验结束之后，两位心理学家用十分赞叹的语气评价参与测验的学生，并把他们统计出的一份"最有前途者"名单郑重其事地交到这所学校的校长及相关老师手上，离开之前，他们还再三叮嘱务必要保密。

　　事实上，罗森塔尔只是以著名学者的权威身份对这所学校的所有人隐瞒了一个事实：名单上的学生并非真正天赋异禀，而是随机被挑选出来的，也就是说，他们会被罗列进名单，和他们的测验结果没有丝毫关联。

　　尽管如此，半年之后，当罗森塔尔一行人再次回访该学校并进行复试时，令人惊讶的事情发生了：名单上的学生，无论他们之前成绩如何，几乎每个人的分数都有了较大提高；甚至连个性也更开朗了，而且，无论是他们的自信还是求知欲，都在原来的基础上显著地上了一个台阶。

　　这次心理学实验获得了空前的成功。心理学界把这种教师对学生的殷切期望会在客观上帮助学生提高成绩的现象称为罗森塔尔效应，即自证预言。

后世也有学者分析，自证预言之所以会产生，其主要原因正是教师们受到了来自心理学界权威的暗示，这让他们对名单上的学生做出了全新的预期评价。尽管名单是保密的，但更高的预期会让教师们在与学生的日常互动中，通过表情、语气、肢体动作等非语言信息，把自己心中的积极信号传递给这些被挑选出来的学生，从而客观上让学生在心理层面摸到了白球。这就促使他们对学习更用心，更愿意在学习上投入时间，进行刻意练习。

于是，神奇的自证预言就发挥了作用——这些被赋予高期望的学生，不仅改善了自己的行为模式，提高了分数，也变得更有自信了。

所以，在现实学习中，当你不喜欢某个学科的老师时，这位老师也能感受到，并可能因此降低对你的预期评价。在这种双向负面的自证预言的作用下，你就会对这个学科越来越不感兴趣，愿意投入的时间和精力自然也越少，当然就很难获得高分。

💡 3 个行动策略，突破负面的自证预言

理解了自证预言，你可能会问："那我到底该怎么做，才能突破负面的自证预言呢？"我给你 3 个行之有效的行动策略。

行动策略一：唤醒自身意识。

就像在做梦的时候，如果你意识到自己正在做梦，那么在梦境中哪怕遇到再危险的事情，你也不会觉得十分恐惧。

而现在，你已经理解了自证预言，知道它是一种人类心理的认知偏差，所以，下一次当你发现自己对不喜欢的老师所教的学科提不起学习兴趣时，就可以当知当觉地提醒自己，你只是暂时陷入了这种认知偏差。

当你有了这种清醒的意识，你就有很大的可能在需要投入时间但内心有抗拒情绪的时候用这个充足的理由克服自己的抗拒情绪，继而重新获得对大脑的掌控权，用更理性的方式唤醒自身意识并开始有效投入时间。

行动策略二：发现老师的优点。

虽然这位老师你目前不喜欢，但就如同一枚硬币有正反两面一样，任何一位老师都有自己的劣势和优势。比如我学生时代的一位数学老师有浓重的口音，一开始，不少同学嫌弃他，甚至同学们在一起做作业的时候，都会模仿这位老师的一些发

音。这就在潜意识里种下了负面的自证预言的种子。

但后来我们发现，这位老师对待所有同学都十分有耐心，每次都愿意无偿奉献自己的下班时间来辅导主动向他请教问题的学生。一旦你能主动发现老师身上的优点，你就会发现，这位原本你不喜欢的老师并没有那么讨厌。而当你逐渐摘下自己的"有色眼镜"后，负面的自证预言所带来的认知偏差也会逐渐消失，你对待该学科的学习情绪就能被自己有效地调整过来。

行动策略三：避免消极暗示。

不过有时候，就算你已经很努力了，但仍旧对某位老师喜欢不起来，怎么办？此时，你就要设法分离"不喜欢的学科老师"与"这个学科"这两者，而分离它们最可行、有效的行动策略正是"避免消极暗示"。

具体的做法也很简单，每当在该学科上受挫，脑海里出现"我可能不是学这个学科的料""我的作文一直就写不好"这种消极的自我暗示时，请立刻打消它们。取而代之的则可以是"我只是不喜欢这位老师而已""我只是暂时落后"。然后，每次考试成绩出来时，别太关注你这次的绝对分数，而应该和自己上一次的成绩去做比较，看看自己是否正走在进步的路上。

当你拥有了这种避免消极暗示、寻找积极线索的意识后，

"不喜欢的学科老师"和"这个学科"二者就会分离，你也就不会再受到负面的自证预言的影响了。

　　自证预言虽然是人类心理常见的认知偏差，学生的成绩也天然容易受到学科老师的影响，但只要掌握"唤醒自身意识""发现老师的优点""避免消极暗示"等行动策略，你也可以化被动为主动，掌控自我意识，打破负面的自证预言，并走上成绩提高之路。

破解偏科

打破失分的负向回路

觉醒：你是否总是"在新手村打怪还奢望升级"

在我研究过的大量案例中，有不少学生，他们已经相当努力了，平时一回到家，吃完饭就坐在自己的书桌前一直埋头学习、做题，节假日也舍不得休息调整，整天在家听网课、做试卷。

但一番操作之后，他们依旧偏科，想要提高的分数总是提不上去。问题究竟出在哪里呢？我们说："时间花在哪里，产出就在哪里。"这种情况多半是时间分配不合理导致的。

你还在"新手村"吗

如果你玩过网络游戏，那你一定有这样的经验。

当你刚开始"在新手村打怪"时，你的经验值涨得飞快，可能没多久，你就升到 10 级了。此时，游戏中的引导角色会提示你前往更高阶的地图，去挑战 11 级、12 级的"怪物"。如果你选择继续留在"新手村"面对 8 级、9 级的"怪物"，虽然它们消灭起来很容易，但你能够获得的经验值却非常有限了。

是的，无论在真实世界还是在网络游戏中，你永远无法通过低水平重复劳动去获得更高水平的经验，这是一个通俗易懂的道理。

但在具体的学习中，不少学生常犯的错误之一，恰恰是选择一直"在新手村打怪"——他们总是把精力重复分配给已经掌握的题目，也可能把时间花费在喜欢的学科上。这就会导致一个结果：会的内容的确理解得足够深入了，但不会的内容还是搞不明白；喜欢的学科的成绩在不断上升，但弱势科目的成绩却始终止步不前。随着时间的推移以及学科知识难度的提升，有些同学弱势科目的成绩甚至还有继续下滑的趋势。

小米创始人雷军曾经说："不要用战术上的勤奋，掩盖战略上的懒惰。"如果你始终处于低水平勤奋的状态，这就好比你总是"在新手村打怪还奢望升级"，看似一天到晚都在努力，但实际上弱势科目的分数提高却不多。

三区理论

认知心理学中有一个著名的三区理论。它把一个人的认知区域分为舒适区、学习区和恐慌区。

舒适区

舒适区有你熟悉的题型，有你喜欢的学科，在意识觉醒前，你往往会不自知地把更多的时间投入这里，因为人的本性都是趋利避害的。你在舒适区不会感受到太大的压力。

学习区

学习区中的内容你较少涉及，不太熟悉。在这一区域中，学习会让你感到轻度不适，你经常会时而醍醐灌顶，时而遇到想不明白的问题。但恰恰在该区域，你有机会挑战自我，更可能获得进步。

恐慌区

误入恐慌区就好比你的游戏等级才 15 级，你却一不小心误入了 50 级的区域，任意一只"小怪"都能把你"一刀秒杀"。在恐慌区里学习，你会感到严重焦虑，承受不了压力。所以，恐慌区并不适合学习。

作为学生，你自然不太会去涉猎过于艰涩困难的内容，哪怕误入恐慌区也会马上退回；但你却往往容易在舒适区里流连，因为这里会让你感觉良好。

💡 如何进入学习区学习

理解了三区理论，你的目标就很明确了：**把更多时间花在弱势科目学习区。**但具体要怎么做呢？

首先，记录自己的时间。苏联有一位学者叫柳比歇夫，他在数学、生物学、文学甚至哲学上都为人类做出过重大贡献，一生写了 70 余部著作。他是怎么做到这些的呢？答案是：他对自己的时间使用情况做到了精确的掌控。

从 1916 年开始，柳比歇夫以分钟为单位，对自己的时间使用情况进行了长达 56 年的记录。任何一个人问他在这 56 年中的某年某月某日某时某分做了什么，他都能通过翻找记录做出准确回答。后人把柳比歇夫的这种方法称为"柳比歇夫时间统计法"。

当然，作为一个学生，你不需要以分钟作为记录单位，但至少可以以小时作为记录单位：在每个任务结束的时候，把上一小时的使用情况用"学科与区域"的格式记录下来。通过记录，你就可以知道自己每天的时间分配的具体情况。

比如，周五 19:00—20:15，数学《一课一练》，舒适区；20:20—21:14，英语《上海学生英文报》，学习区；周六 14:00—15:21，英语背单词，舒适区；等等。不一定非要死板地记录一整个小时，任务的开始时间模糊一些、完成时间不太精确，都没关系，差不多就可以。**投资大师巴菲特都说过："宁要模糊的正确，勿要精确的错误。"**

其次，优化时间使用结构。当你记录了几天自己的时间使用情况，你就能着手优化自己的时间使用结构了：把那些花在舒适区和你喜欢的学科上的时间找出来，把位于学习区的任务规划进去，从而增加你在弱势科目学习区学习的时间。

当然，在开始的时候，千万别用力过猛。比如通过记录，你发现自己把 80% 的时间都花在了喜欢的学科或舒适区上。但是请注意，千万别一下子从一个极端跳跃到另一个极端，而要通过循序渐进的方式逐渐调整计划时间的比例。比如用 1~2 周的时间把在学习区花费的时间从实际 2 小时提升到计划 3 小时；在下一个阶段，再从实际 3 小时提升到计划 4 小时。

最后，检查计划落实情况。你可能听过一句话：计划赶不上变化。有时候你虽然计划得很好，但实际操作起来，情况却走样了。这是经常发生的事情，但这并不妨碍你把计划落实的情况如实地记录下来。

正所谓"流水不争先，争的是滔滔不绝"，只要你在弱势科目学习区投入的时间比例是在持续上升的，就说明你在往好的方向前进。

在觉醒前，很多人都会不自知地"在新手村打怪还奢望升级"，而你可以通过理解三区理论，运用"记录自己的时间""优化时间使用结构""检查计划落实情况"3个步骤，循环往复地在自己的弱势科目学习区投入更多的时间，继而为自己争取更好的结果。

筑基：逆袭第一步，攻克基础题型

现在，你已经知道要把更多时间花在弱势科目的学习区，但究竟哪里才是学习区呢？第一步又要怎么做呢？

我给你的答案是：攻克基础题型。

为什么基础题型是学习区

你可能会问，既然是学习区，难道不该找一些稍有难度的题型来做吗？为什么要先攻克基础题型呢？

事实上，任何一场考试所包含的题目都基本符合"二八法则"，即 80% 的题目都是基础题，只有 20% 的题目才是难题。这就导致那些以为基础题型只要看看就行，期待通过研究偏题、怪题来弥补弱势科目分数的同学，反而会在考试中的基础题型上失分。他们花费了大量的时间，好不容易把试卷最后某道 8 分的难题做出来了，却不自知地丢失了试卷前面属于基础题型的十几分甚至二十几分。

知名新生代作家、B 站头部财经媒体主理人沈帅波曾经讲过一段往事：在他学生时代，同寝室有个同学的数学一直比他好，但考试的成绩却比他低，这就是因为该同学把大量时间花在了最后的难题上，以至于前面的基础题型没有复习到位。

更何况，既然某个科目已经是你的弱势科目了，这就意味着在该科目中，你的基础题型的失分情况大概率已经比较严重了，所以，这时候基础题型显然是你的学习区，如果你不先攻克基础题型，那就本末倒置了。

我们说，做任何一件事情，首先方向要正确。当你能设法掌握基础题型的每一个知识点，理解每一类基础题型的解题方法，复习的时候再多看几遍，最后确保自己考试的时候不粗心，那么，你就已经迈出了偏科逆袭的第一步。

攻克基础题型的 IDO 3 步法

好了，现在我们已经理解了攻克基础题型的必要性。接下来需要解决的问题是：到底要如何才能真正攻克它们？

事实上，攻克基础题型的办法很简单，但并不容易。简单，是因为你只要按部就班、日拱一卒地吃透它们，反复练习，直到彻底掌握就可以了；不容易，则是由于你不能认为机械地学习，或者简单地做做笔记，不使用高效的策略，就可以完成任务。

真正要完成攻克基础题型的任务，需要使用 IDO 3 步法。

第一步，I，Input Material，输入学习素材。这里有两个重点。

第一，研究教材考纲。所有的考试试卷都是依据考纲出题的，尤其是这些基础题型，必须符合考纲要求。考纲里通常都会明确考试的范围和对每个知识点的考查程度。你只有仔细研究考纲，才能清楚地知道某个知识点到底是要求记忆还是运用，甚至综合运用。这就意味着，你需要把知识点掌握到不同的程度。

总体而言，你可以用"全、透、结、复"4 个字来达到考纲的要求：

全，不留疑点，知道是什么；

透，理解通透，知道为什么；

结，分层梳理，把知识结构化；

复，不断重复，彻底掌握知识。

第二，确定学习节奏。很多同学的学习没有规划，有时候周末两天都在学数学，英语一点都没碰；有时候呢，又一直在突击背单词，一天恨不得背 50 个单词。这样安排时间，不仅学到后来头昏脑涨，而且学习效果也一般。这就是典型的没有安排好学习节奏的表现。

千万不要在某一天里对自己提出一个几乎不可能完成的任务，这是很难做到的。而一个高效的办法，则是给自己制定中长期学习目标，用每天进步一点点的方式来夯实基础。

举个例子，上海六年级下半学期的英语，需要掌握的单词共计 262 个。同时，你目前的能力是每天背 10 个单词，那要确定英语的学习节奏就很简单：每天背完 10 个单词就停止，顶多 27 天，262 个单词就已经被你背过一轮了。

第二步，D，Digestion，消化。

你肯定有这样的经验，读完一本书后，马上就记不起来这本书到底说了什么。这里的关键问题就是没有消化知识。

要消化知识也并不难，但首先，你要有攻坚的勇气。

这种心理建设是非常必要的，因为访谈过上百位清北"学霸"的廖恒老师发现："学霸"的共性表现是哪科不行学哪科，铆足劲盯着弱势科目；"学渣"的策略是哪科不行就不学哪科，小心翼翼躲着弱势科目走。所以，即使恐惧，依然面对，这是消化知识的前提。

另外，**要彻底消化一个知识点，务必要深度专注，一次**

攻一个。

虽然都是基础题型，但难免也会存在一时难以理解的卡点。而所谓卡点，通常都是超出我们原本认知的部分。所以，我们遇到卡点的时候，如果不主动出击，把大部分注意力都聚焦在卡点上，很可能依旧无法理解。比如有些同学一看到关于圆的平面几何题就头痛。但其实所有的基础题型都是有套路的，你只要能一个又一个地把所有的考点和套路都总结出来，那么面对有关圆的平面几何题，你就能战无不胜。

还有时候，一个知识点你自己实在琢磨不明白，"消化不良"，怎么办？**这时，借助外力就是一个帮助消化的有效方法。**关于如何请教老师、如何与同学探讨题目，我们也会在后面的内容中详细展开。

第三步，O，Output，输出。

有一句话是输出倒逼输入。当你能把一个题型的考点、解法向别人讲清楚的时候，你就把这个知识点掌握得很牢了。

输出分为两种：对别人输出和对自己输出。

"学霸"为什么厉害？很大一部分原因是他们经常被同学请教问题，总是有对别人输出的机会。当然，没有人天生就那么厉害，首次表达就说得很好。很多"学霸"也是在一次次表达和获得反馈的基础上，回家重新梳理表达，在此过程中就对知识有了更深刻的理解，并在下一次表达中讲得更简洁、更清楚，让人一听就懂。

如果你"社恐"，实在不想对别人输出，也没关系，你还可以对自己输出，比如自言自语、自问自答。这种其实也是一种高效学习的方式。你可以挑个没人的地方，假装有人在和你探讨某道题目，接着用这种自问自答的方式，通过对自己输出来彻底掌握某类基础题型。

> 在应对偏科问题的时候，筑基就是拿下基础题型，抢到必得分的过程。用好 IDO 3 步法，通过输入、消化、输出，你一定可以用更短的时间取得更好的效果。

排序：科学重置作业优先级

现在，你已经理解了什么更重要，应该把时间优先花在哪里，下一个步骤就是排序：科学重置作业优先级。

要知道，那些懂得如何通过排序来高效使用时间的人，才是过去、现在乃至将来，能真正取得好成绩、获得好结果的人。但关键在于，排序具体要怎么做呢？我给你介绍 3 个工具。

科学排序的 3 个工具

第一个工具：PDCA。

有一个高效管理工具叫作 PDCA。它由 4 个步骤组成。

P，Plan，计划。根据自己弱势科目以及具体的作业，计划先做什么，后做什么，任务量大概是多少，需要花多少时间。

D，Do，执行。根据计划的时间与相关内容进行实践。

C，Check，检查。检查执行的结果，比如做了一张试卷，根据参考答案检查自己做题的情况，给自己打分。

A，Adjust，调整。根据检查的结果来调整计划。

PDCA 的这 4 个步骤并不是做完一次就结束了，而是一个循环往复的。而在这 4 个步骤中，最重要的就是计划。下面，我再用一个你熟悉的工具——笛卡儿坐标，来帮助你掌握科学排序的策略。

第二个工具：笛卡儿坐标。

你所有的作业，根据是否为弱势科目以及处于舒适区还是学习区，都可以分为 4 个象限。

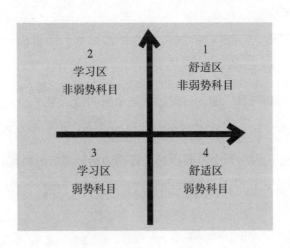

接着，把你所有的作业一一放入这 4 个象限中。这样一来，你就能清晰地把它们归类。显然，第三象限的作业内容对你来说是最重要的，第二象限则次之。

第三个工具：精力 - 任务匹配工具。

每个人的生活习惯是不一样的，这就会导致每个人的精力旺盛时间段也各有不同。

比如对我来说，我一天中精力最旺盛的时间段是每天早起后的一段时间，在这个时间段内，我的思维会更活跃，创造力也更强，无论是读书还是写作，我都会取得比其他时间段更好的效果。所以，我会把每天对我来说最重要的事情尽可能安排在这个时间段去做，比如现在你正在阅读的这本书，就是我在清晨写的。

那你的精力旺盛时间段在哪个区间呢？如果你还不太清楚，可以刻意观察一下自己在每个时间段的状态，然后把"学习区 - 弱势科目"的内容安排在这个时间段去学习。

当然，也有人几乎每个时间段的精力旺盛水平都差不多，那也挺好，因为每个时间段都是你精力最旺盛的时间段。

了解了上面的这 3 个工具，接下来就可以进入具体的实操环节了。

践行 3 步法

第一步：把目标任务写下来。

你可以找一张便利贴，把第三象限的任务写下来，列成一个清单。为什么一定要写下来呢，只是心里记住不行吗？是的，不行。因为明确的书面记录会对你产生不可思议的影响。

有一个行为原理公式：B=MAT。其中 B 是 Behavior，行动；M 是 Motivation，动机；A 是 Ability，能力；T 是 Trigger，触发。也就是说，你的每一项行动，都由动机、能力、触发 3 个要素构成，缺一不可，只要其中有一个要素缺失，你的行动就不存在了。

现在，你有想要提升弱势科目成绩的愿望，这是动机；你罗列的任务都是你学习区里的内容，踮踮脚就能学会，并没有完全超出你的能力范围；但你目前缺少有效的触发。所以，你只有把任务写下来，变成书面目标，并且把它贴在你抬头就能看见的地方，它才能时时刻刻提醒你：今天最重要的事情要优先完成。

第二步：专注地执行。

影响你专注执行的因素有很多，但不外乎两种打断。

一种打断来自外部。比如你的桌面很杂乱，上面摆放着家里人给你端来的水果、零食，也可能摆放着你之前看到一半的课外读物。无论是哪种，它们都会在你瞥见它们的时候，成为"触发"，打断你的专注状态，让你的注意力在不同的事物上来回切换。

心理学家发现，当一个人的注意力从 A 切换到 B 上时，注意力中就会存在关于 A 的残留，这就好比你的注意力是手机的内存，尽管你已经从 A 应用切换到 B 应用上了，但 A 应用依旧在后台运行，如果手机后台有太多的其他应用运行，手机就会卡顿、发烫。**心理学家把这种因为注意力切换而导致效率下降的现象称为"注意力残留"。**

宋代大儒朱熹在《童蒙须知》中讲到"读书写文字"时第一要求就是"凡读书，须整顿几案，令洁净端正。"这种做法就十分符合人类大脑的认知特点。所以，学习前好好整理一下书桌，这样有利于避免外部打断。

另一种打断则来自内部。比如你学习到一半想去上洗手间了，口渴了，肚子饿了，突然想到一件其他事情了。这种来自内部的打断同样会让你产生"注意力残留"，降低你的学习效率，你可以通过提前消除这些因素来避免。

第三步：给完成的目标任务打钩。

当你完成了某个目标任务后，请在该任务后打一个大大的钩。这么一个小小的动作却是我们成就感的来源。一个人之所以有自信，是因为他曾经把类似的一件事情做成过。而给目标任务打钩的举动，则是在强化这种把任务完成的**自我效能感**，即**"个体对自己是否有能力完成某一行为所进行的推测与判断"**。

当你不断地通过完成一个个第三象限的任务，为自己积累了足够的自我效能感，你今天的学习区就会逐渐变成你未来的舒适区，你的弱势科目成绩就会不断提升。

这一节的干货稍微有点多：PDCA、笛卡儿坐标、精力－任务匹配工具，行为原理公式 B=MAT、注意力残留和自我效能感。不过你不用担心自己学不会科学重置作业优先级，因为只要照着去做一次，它就能对你的行为进行一次强化，时间一久，科学重置作业优先级就会成为你的下意识行为。

求教：如何请教老师

你平时遇到弄不明白的题目时，是喜欢自己一个人钻研，还是会选择请教老师，让老师给你详细和专业的解答呢？

自己一个人钻研，这种学习的劲头是不错的，但与此同时，也会耗费你大量的时间。你自己研究半小时还没搞明白，而人家问了一下老师，不到 5 分钟就清清楚楚了。

请教老师，尤其是请教自己弱势科目的任课老师，对你想要迅速提高成绩这个目标而言，可谓"加速器"一般的存在。

但很多同学不敢请教老师，也不知道应当如何请教老师，所以本节我就来和你详细说说请教老师的方法。

克服心理阻碍

很多同学犹豫要不要请教老师，通常都是因为 3 种心理因素阻碍了他们的行动。

阻碍因素一：恐惧权威心理。

一般而言，老师在学生的心目中或多或少都会有权威的光环。普通人畏惧权威，这是再正常不过的心理。但根据"二八法则"，80% 的同学无法鼓起勇气请教，只有 20% 的勇者敢于行动。人与人之间的差距就是在这种区别中不断地被拉开的。所以，当一个人对权威心生恐惧时，弱者的思维是屈服于恐惧，而强者的思维则是虽然恐惧，依然直面。

阻碍因素二：在意同学看法。

一些同学好不容易愿意直面权威了，但又在意起其他同学的目光，很担心向老师请教一个问题后会受到其他同学的嘲笑。其实，这大可不必。心理学中存在一种"焦点效应"，说的是人们容易把自己视为中心，不自觉地高估他人对自己的在意程度。事实上，每个人都对自己更感兴趣，只要你不触犯别人的利益，很少有人会在意你的一举一动。

阻碍因素三：担心麻烦老师。

如果你存在这种心理阻碍，那我首先要恭喜你，因为你是一个懂得换位思考的人。但你可能不知道另一个真理：**富兰克林效应——好关系是麻烦出来的。**

本杰明·富兰克林是美国开国元勋之一。有一次他想要争取一位与他关系不太好的国会议员的支持，并没有选择卑躬屈膝地示好，而是写了一封信，向对方借一本罕见的书，对方收到信后欣然答允。一周后，富兰克林将书奉还，还附上一封感谢信。此后，两人关系越来越融洽，成为一生挚友。

这就是富兰克林效应的奇妙之处——帮过你一次的人更愿意持续给你提供帮助。所以，别担心麻烦老师，麻烦老师只会让你和老师的关系越来越好。

请教老师，你需要注意这 3 个关键

现在，你已经理解如何克服心理阻碍了，下面我们再来说说请教老师时需要特别注意的 3 个关键。

关键一：请教前，先求胜，后求战。

《孙子兵法·形篇》有云："胜兵先胜而后求战，败兵先战而后求胜。"大致意思是说：能取胜的军队通常会在一场战斗之前做足准备，自己有充足的把握了才去和敌军作战；而失败的军队则正好相反，连准备工作都没怎么做，就先去和对方战斗，然后在战斗中才开始动脑筋，设法获得胜利。

请教老师虽然不是"和敌军作战"，但其"先胜后战"的思想却是可以利用的。所以，在请教老师前，你需要提前做好

准备，把自己目前对某些题目或知识点的掌握情况和思考列成一份书面的问题清单。当你带着这份清单前往，老师也会从心底里认可你的充分准备，自然也更愿意为你答疑解惑。

同时，"先求胜"还体现在你的"时间安排"上，请千万别一下课就拿着清单去请教老师，因为你不知道老师是否马上有下一节课要上，又或者有其他事情需要处理。你可以让老师做选择题，比如问："老师您午休时或者放学后方便吗？我有两个问题想请教您。"当你让老师做选择题的时候，老师也能感受到你对他的尊重，答应你的概率也会大增。

关键二：请教中，先僵化，后优化，再固化。

老师平时一个人要面对众多学生，他讲的内容都是一对多的共性内容；但你在合适的时间向老师请教问题则是一个难得的一对一场景，此时，老师讲的内容则全是专属于你的针对性内容。所以，请务必打起十二分的精神，集中注意力，认真与老师互动。

在此过程中，你可以拿出之前准备好的问题清单，把自己一个人思考时没想明白的具体问题向老师提出。同时，当老师开始解答你的问题时，你可以遵循"先僵化，后优化，再固化"的思路。

先僵化，是指把听到的内容先统统记下来，哪怕有不理解的部分。

后优化，是指记录完之后，立刻向老师抛出你的疑问，千万不可不懂装懂。有经验的老师通常都会在此过程中发现你的知识盲区，帮助你优化你对相关问题的认知。

再固化，则是指把优化后理解了的知识固化下来，下次再遇到类似问题时可以立刻找到解题思路，把题目做对，拿到分数。

关键三：请教后，请求反馈，修正提高。

请教后的反馈是很多同学都不知道的隐藏请教方法，如果你还记得我们之前讲过的刻意练习，就会对 3F 法则中的第二个 F——Feedback（反馈）有印象，可以说"反馈"是刻意练习的重中之重。

向老师请教完毕后，你可以让老师评估你在这个弱势科目中更具体的弱项在哪里，从而在回去后更有针对性地对 Feedback（反馈）后的薄弱环节采取 Fix it（修正）的行动。

80%的同学不敢向老师请教，如果你能克服"恐惧权威心理""在意同学看法""担心麻烦老师"这3种心理阻碍，你就已经拿到了踏足头部20%的门票。

而如果你还能在请教前"先求胜，后求战"，请教中"先僵化，后优化，再固化"，请教后"请求反馈，修正提高"，那么你的弱势科目分数的提升速度必将超过身边许多同学。

探讨：如何与同学讨论

老师的时间无疑是珍贵的，一个学期内，你可以向老师单独请教问题的次数可能屈指可数。那么，除了向老师请教之外，还有什么比自己一个人钻研题目更高效的方法呢？我的答案是：你可以选择和同学一起讨论。

与同学讨论问题是一个非常高效的学习策略，这个学习策略带来的知识留存率甚至比向老师请教更高。你知道为什么吗？下面，我们就先从一个叫作学习金字塔的模型说起。

学习金字塔

美国知名学者、学习专家埃德加·戴尔是学习金字塔模型的提出者。他把人类学习的方式按照效率从低到高分为 7 个层次。其中前 4 个层次为被动学习的层次，后 3 个层次则为主动学习的层次。

第一层：听讲（Lecture）。

学校里，你听老师讲课就属于这个层次。听讲的好处是老师用相对高效的方式实现了知识的传授。不过，听讲的知识留存率是最低的，仅有 5%。比如你可能有这样的体会：上课时你虽然都听懂了，但放学回家却发现这里搞不明白，那里也弄不清楚，只能翻阅笔记努力回忆老师上课时讲的内容。

第二层：阅读（Reading）。

你平时预习课本或者现在读这本书，都处在阅读的层次。阅读虽然比听讲强，但知识留存率依旧比较低，只有 10%。这也是很多人读完一本书之后总是记不住书中内容的重要原因。

第三层：视听（Audiovisual）。

有些知识点如果能总结成表格或者图形，会帮助你加深印象。比如下面这张学习金字塔图就是可视化图形，你只要看一眼，就能马上理解，这样你大概率能记住所学内容的 20%。

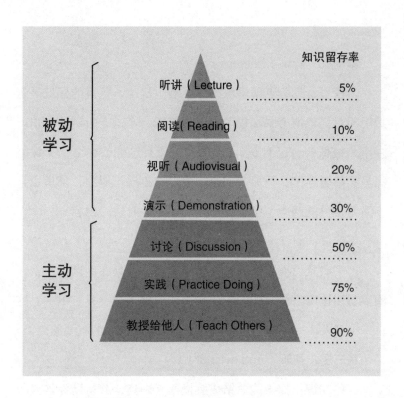

知识留存率

听讲（Lecture） 5%

阅读（Reading） 10%

视听（Audiovisual） 20%

演示（Demonstration） 30%

讨论（Discussion） 50%

实践（Practice Doing） 75%

教授给他人（Teach Others） 90%

被动学习

主动学习

第四层：演示（Demonstration）。

如果你被老师叫到讲台上，当着所有同学的面演示某道题目的解答过程，经过这番操作，你很容易记住这种题型的解法，哪怕时隔一周，大脑中仍旧会留下30%的内容。

第五层：讨论（Discussion）。

是的，这就是我们这一节的主题。而且，从讨论开始，你就已经进入主动学习的层次了，通过讨论，你与你的小伙伴们可以记住的知识能达到 50%。

第六层：实践（Practice Doing）。

我们一直说，学知识就要想办法举一反三，而举一反三本质上就是实践，如果能做到这一点，知识留存率可达 75%。

第七层：教授给他人（Teach Others）。

这是最高层次的主动学习，知识留存率高达 90%，你可能听过的费曼学习法也属于这一层次。有关费曼学习法的内容，我们会在后面的内容中详细展开。

好了，现在你已经知道学习金字塔是什么了，也知道"与同学讨论"对你的帮助巨大。那么接下来，我会给你讲 3 种真实有效且易于操作的讨论方式。

3 种有效的讨论方式

方式一：确定主题。

确定主题是最常见的实用讨论方式之一，主要围绕一定的任务范围展开。

假设最近你们正在学习数列，这种抽象的知识可以衍生出许多题目，如果你单独总结题型，不仅费时费力，而且总免不了会有遗漏。此时，你可以叫上几个同学，先各自梳理，然后约定时间讨论题型的分类以及每类题型的解法。当你们取了彼此的"并集"后,大家就都掌握了数列这个知识点的绝大多数题型。再次遇到数列题时,这类题型就几乎变成了送分题。

除了理科,文科内容的背诵同样可以使用确定主题的方式来进行。比如两个人互相检查背单词的情况,你在帮助别人用中英互译的方式背诵单词的时候,其实自己也在脑子里不断地加深了记忆。

方式二:头脑风暴。

头脑风暴(Brainstorming)是人们在现实世界中解决问题的常用方式。这种方式指由一群人就某个问题提出各自的解决方法。乍听之下,这似乎就是简单地针对特定问题,各自发表见解。不过事实上,头脑风暴并非如此简单。因为一个人说出的方法就如同一枚丢入水中的石子,会使水面泛起阵阵涟漪,这能启发另一个人;而另一个人又可能在此基础上提出更好的方法。如此往复,大家最终一起找到的就很可能是当下最好的解决方法。

在面对学习中的共性困难时,和同学一起进行头脑风暴就能发挥出所有人的创造性。当然,头脑风暴更适合应对试卷最后20分左右的难题。不过得到难题的解法只是头脑风暴的收获之一,因为在此过程中,对你们而言更有价值的是每个同学提供的解题思路。

方式三：PBL 游戏化。

有句话叫作：一个人走得快，一群人走得远。因为每个人都是有惰性的，即便成年人也是如此，更何况你还只是一个未成年的学生。

PBL 游戏化解决的就是你和同学们持续学习的动力问题。PBL 这 3 个字母分别代表着游戏化讨论方式的 3 个重点。P，是 Point，代表积分；B，是 Badge，代表徽章；L，是 Ladder，代表排行榜。

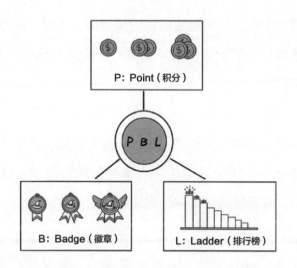

通过这种有积分、有徽章（荣誉），并由排名所贯穿的竞

争方式，你们就能形成一个有趣的、可持续的学习小组。假设你们约定放学后一起背完 10 个单词才回家，前 3 个率先背完的同学可以获得 2 个积分，剩余的完成背诵的同学分别可以获得 1 个积分。每个月月末，大家约定请积分最高的同学吃冰激凌。那么，你们这个学习小组就能实现客观上的相互促进。为了自己能赢，所有小组成员都拥有足够的学习动力，并且最终还能把学习成果体现在对应科目的成绩上。

这一节，你了解了学习金字塔的 7 个层次，知道每个层次分别对应的知识留存率。同时，你也已经清楚与同学讨论可以让你们获得高达 50% 的知识留存率。

此外，确定主题、头脑风暴、PBL 游戏化都是你与同学马上就能组织起来的有效讨论方式。期待你在与同学的讨论中快速高效地留存学到的知识，并最终将其转化为对应科目的分数。

超车：抓住假期补齐短板

对于职场人士来说，人与人之间的差距可能来自 8 小时的工作时间以外；而对于学生来说，人与人之间的差距则可能来自假期。

假期是普通学生的"蜜糖"，他们可以选择每天睡懒觉，起床后打游戏、看书，舒舒服服地过完一天又一天；对你来说，假期也可以是"补品"，你可以选择每天早点起床学习，用更多的时间针对弱势科目做刻意练习，通过时间的堆叠来补齐短板，在下个学期迎头赶上。

当然，要想更有效地利用假期，抓住假期来补齐短板，实现"超车"，也有更有效的策略，这就是本节我想和你分享的"20 英里法则"和"假期攻略 OKR"。

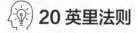

20 英里法则

美国有一位知名的心理学家叫吉姆·柯林斯，他曾经做过一个结果出人意料的实验。他让3组志愿者用不同的方式从美国西海岸的圣迭戈出发，行走到东北部的缅因州。这段路程全长3000英里（1英里≈1.61千米），沿途不仅地貌复杂，而且志愿者在途中还会遇到非常恶劣的天气。

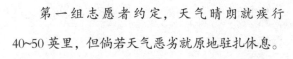

第一组志愿者约定，天气晴朗就疾行40~50英里，但倘若天气恶劣就原地驻扎休息。

第二组志愿者充满自信，用极值估算行程，计划用2个月的时间走完这段路程，每天行走40~60英里。

第三组志愿者则约定，无论天气是好是坏，每天只走20英里，不多不少，雷打不动，但走到即止。

好，现在你可以猜一下，到底哪一组先到达目的地？

是的，很多人猜测的时候并不知道这个实验叫作"20英里法则"，他们都把自己的票投给了第一组或第二组志愿者。但恰恰是第三组志愿者，最终用了 5 个月的时间，第一个到达目的地，成为这个实验最后的赢家。

后来，经过调查，柯林斯教授发现了原因。

第一组志愿者非常容易受到天气的影响，而且随着旅程的推进，很多人在途中心生倦怠，主观上故意降低所谓坏天气的标准。比如天气稍有些阴晴不定，他们就一致判定今天是坏天气，从而放慢前进的步伐。

第二组志愿者开始时的确犹如急行军，但很快高强度的行进让人疲惫，他们也逐渐失去了最初的意志力，队伍变得涣散。

只有第三组志愿者，他们始终如一。由于给自己设定的目标不高不低，他们反而能做到张弛有度，严格执行，不被任何诱惑左右。5 个月的时间很快就过去，他们的目标也按时达成。

你看，客观上自律的背后，并不仅仅有强大的意志力，更有恰当的目标和始终如一的行动。这就是 20 英里法则的由来。优秀的人都懂得这个道理：流水不争先，争的是滔滔不绝。

用好 OKR，落实假期攻略

　　了解了 20 英里法则，我相信你一定有所收获。很多学生要么成为第一组志愿者，在假期里，心情好时，多学习几页内容，心情差的时候，弱势科目连碰都不碰，最后临到开学，目标未达成，计划执行失败；要么变成第二组志愿者，假期刚开始的几天特别努力，想要通过高强度的学习来补齐短板，实则坚持不了 5 天。

　　所以，与其如此，不如给自己设定一个不高不低的目标，然后把目标进行分解，最后落实到每天来坚决执行。讲到这里，我就要给你推荐另一个学习工具了，你可能听说过，它叫OKR。

　　什么是 OKR？ OKR 的英语全称是 Objectives and Key Results，翻译过来为"目标与关键结果法"。这套方法源自英特尔公司创始人之一安迪·格罗夫，后来由约翰·多尔带入谷歌，并在国内外知名的企业，比如字节跳动、华为、Facebook等应用。

　　在你的假期学习中应用 OKR，可以让你获得卓有成效的结果。

　　OKR 的应用通常分为 3 步。

第一步：设定目标 O（Objectives）。

这是最简单的一步，也是很多同学都可以轻而易举做到的。不过请注意，由于一个人的精力是有限的，给自己设定过多的目标，只会分散你的注意力。所以，一般设定的目标数量不宜过多，不要超过 4 个。

第二步：设定关键结果 KR（Key Results）。

通常一个目标可以由 3~4 个关键结果构成，这里有 3 点请特别注意。

第一，关键结果不能太少，否则它就变成了目标，这样做没有任何意义；当然，关键结果也不能太多，否则与有太多目标一样，会导致你的精力涣散。

第二，关键结果要量化，比如有关英语学习的关键结果可以是一次背熟了多少个单词。

第三，设定关键结果时，要结合 20 英里法则，千万别定一个目标高到离谱的行动方案。当然，目标低到不合理的行动方案也不行，这里的分寸需要根据自己的情况来把握。

这样讲有些抽象，我举一个具体的例子你就理解了。比如你想补齐自己在语文方面的短板。

目标 O：在假期全面提高语文成绩。

关键结果 KR1：每 3 天背 1 首下学期语文课本里的古诗。

关键结果 KR2：每周写 1 篇下学期语文课本里要求写的作文。

关键结果 KR3：假期里看完 1 本世界名著，并写一篇 600 字以上的读后感。

你看，如果让你写关于数学或英语学习的目标与关键结果，是不是并不困难？

第三步：滚动执行。

科学的假期攻略计划订好了，接下来就如同第三组志愿者日行 20 英里一样，需要你每天坚持执行。因为你给自己制订的计划并不会耗费你太多精力，所以执行起来也不会太过费力。比如背一首古诗，第一天刚接触的时候，可能花费的时间会比较长；但第二天、第三天再去复习时，稍稍回忆一下就能很快熟练背诵。写作文也一样，你给自己一周的时间写一篇 700 字的作文，将作文字数分解到每天，其实每天只需要写大约 100 字就可以了。更不用说阅读世界名著了，因为阅读本身就是一种享受。

而且，在滚动执行的过程中，你还可以结合我们之前讲过的践行 3 步法，把目标任务写下来，专注地执行并给完成的目标任务打钩。这样做可以强化任务完成时的自我效能感，你还能在心理层面对自己形成越来越高的评价，客观上完成自身在学习区的拓展。

　　抓住假期补齐短板，实现"弯道超车"并不难，这里的关键是理解 20 英里法则，拒绝太过随性的计划或目标过高的计划；同时用好 OKR，用 3 步法为假期攻略计划的顺利制订与实施保驾护航。

自驱：培养成就感，打破恶性循环

学习是辛苦的，尤其是对于弱势科目，有时候你会发现自己提不起劲儿，无法像面对自己的优势科目那样来面对它。反而短视频、游戏、网络小说更吸引你，甚至人在书桌前做题，但心已经飞到了沙发上，想要赶紧看最新的动画片。

这到底是怎么回事？你又应该如何应对呢？

"贪婪"的多巴胺

你听说过多巴胺吗？什么是多巴胺？

简单来讲，它是一种由大脑分泌的神经传导物质，能传递兴奋和开心的信息。我们来做一个思想实验，假设你的眼前有一个红色按钮，每按一下，你就会多100元零用钱，如果四下无人，你会不会不时就想着按一下，再按一下？是的，100元零用钱入账会让你的大脑分泌多巴胺，而多巴胺会让你感到快乐，这种快乐就会给你动力，鼓励你继续做出按按钮的动作，从而让大脑持续获得愉悦感。

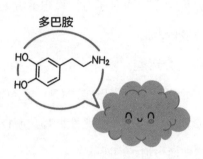

你可能会说，多巴胺应该是个好东西吧，毕竟，人活着不就是为了快乐吗？然而，事实真的如此吗？

1954 年，美国生理学家奥尔兹给老鼠编号，并在老鼠的大脑内埋入电极。每当老鼠无意按压实验装置中的小挡板时，老鼠的大脑就会遭到电击，这种电击的感觉并不好受，所以绝大多数老鼠会远离小挡板。但有一只老鼠是个例外，这只编号为 34 号的老鼠不仅"生猛如虎"，而且还会疯狂地按压小挡板，仿佛十分享受电击。

当奥尔兹教授取出因按压小挡板力竭而死的 34 号老鼠大脑内的电极后，他发现原来电极的探针弯了，电流刺激到了这只老鼠大脑中的"快感中枢"，让它的大脑分泌了大量的多巴胺，这才让 34 号老鼠每次按压小挡板时都如同人类捡到 100 元似的快乐，于是它疯狂按压，直到力竭而死。

是的，多巴胺是一种奖励机制，它会让人上瘾。为了获得更多的多巴胺，你会不想面对压力，只想更贪婪地让自己的时间被各种有趣的事情占据。

"业精于勤，荒于嬉。"

显然，为了获得更多的多巴胺，有些同学荒废学业，把时间花在有趣的事情上，这是一个恶性循环。所以，聪明的人应当拒绝多巴胺，转而去追求内啡肽。

内啡肽与成就感

什么是内啡肽呢？它是大脑分泌的另一种神经传导物质。和多巴胺作为奖励机制不同，内啡肽是一种补偿机制。你做一件事情的时候很痛苦，当你感觉自己坚持不下去却顶住压力依旧坚持时，大脑就会开始分泌内啡肽作为补偿。这种补偿不仅能唤醒你的自驱力，而且在你获得结果的时刻，大脑会分泌更多的内啡肽，让你进一步获得成就感，继而使你感受到一种经历千辛万苦登上峰顶后，宁静而绵长的愉悦。

诺贝尔生理学或医学奖获得者、内啡肽的研究者罗歇·吉耶曼还发现，在人的大脑中，内啡肽最多、最密集的区域是负责学习和记忆的区域。随着你大脑中内啡肽含量的上升，记忆力、精神力、自律力和学习效率也都会显著同步提升。

可见，辛苦读书获得好的结果可以促使大脑分泌内啡肽，获得成就感；内啡肽与成就感能进一步提升你的记忆力、学习效率；记忆力、学习效率的提升又能反过来促进学习，帮助你获得更多好的结果，这是一个正向因增强正向果、正向果又反过来增强正向因的增强回路。

4 个策略培养成就感，打破恶性循环

现在，你已经充分地理解，我们要远离多巴胺，拥抱内啡肽。但具体该怎么做呢？

策略一：警惕简单快乐。

能让人获得简单快乐的东西很多，美食、短视频、游戏皆在此列。但就像我们前面说的，简单快乐对应的是多巴胺。多巴胺来得快，去得也快；它会让人上瘾，令人玩物丧志。所以，面对多巴胺，请保持警惕。如果能够做到这一点，你将获得比普通同学更多的用来做刻意练习的时间。而且，习得自控力，足以让你感到自豪，因为你已经打败了身边 90% 的人。

策略二：忍无可忍，再忍一会儿。

每当你在学习某些弱势科目，觉得题目很难，实在坚持不下去的时候，你要有意识地提醒自己，现在是最艰难的时候，而一旦解决了这道难题，就相当于攻克了一个山头。这种信念能激励你在忍无可忍、想要放弃的时候选择再忍一会儿，内啡肽就会在你到达极限时分泌。

而当你通过忍耐，终于掌握了某类题型的解法后，成就感就会油然而生，下次遇到类似情景的时候，你会发现自己面对困难的能力又提升了一些。甚至当你知晓困难马上就要来临的时候，你还会暗自兴奋，产生跃跃欲试的感觉。

策略三：写成功日记。

畅销书《小狗钱钱》中有一个"写成功日记"的方法，它要求写日记的人每天记录3~5项个人成果。这是一种将自身努力可视化的策略，能有效增加一个人的自信。对于你来说，你可以记下诸如"完成了一张数学测试卷，只错了一道题""背诵了10个英语单词""写完一篇下学期要写的600字的作文"等。通过把做成的事情记录下来，你可以增强自己的成就感。

策略四：通过其他方式促进大脑分泌内啡肽。

由于内啡肽的分泌与学习效率的提升互为因果，所以，如果你能通过其他方式促进大脑分泌内啡肽，同样可以提升学习效率，获得成就感。其他方式有哪些呢？

　　跑步、跳绳等有氧运动，深呼吸、冥想等放松练习，都可以有效促进大脑分泌内啡肽，让你的身心轻松愉悦。

　　本节，你厘清了多巴胺与内啡肽的本质区别，理解了为什么要远离多巴胺，拥抱内啡肽。希望你通过"警惕简单快乐""忍无可忍，再忍一会儿""写成功日记""通过其他方式促进大脑分泌内啡肽"的策略，唤醒自驱力，培养成就感，打破恶性循环，进入正向增强回路。

自信：3 种"学霸"技巧，从发挥失常到超常发挥

在一场正常的考试中，存在"发挥失常""正常发挥""超常发挥"3 种情况。很少有人不希望在考试的时候超常发挥，我猜你也如此。但现实生活中，也很少有人系统地研究到底如何避免发挥失常，如何才能超常发挥。

本节，我们就从考场发挥的本质入手，一起学习 3 种"学霸"技巧，增加自己在考场上进入超常发挥状态的概率。

影响发挥的两种激素

所谓超常发挥，是指一个人耗费了更少的资源或更出色地完成了某项任务。超常发挥在考试、公开演讲等许多场景中都频繁出现，尤其在篮球比赛中，我们经常能看到球员超

常发挥。心理学家把球员在篮球场上的超常发挥状态称作"热手效应"。

2015 年，学者乔希·米勒和亚当·圣胡尔霍在行为科学家阿莫斯·特沃斯基 1985 年的研究的基础上，证实了热手效应的存在，即球员在连续投中几个球之后，命中率会比正常情况下高出 12%。这是首次用数理统计的科学方法证明人类在自信状态下，能获得超常发挥的能力。

可是，为什么会出现这种情况呢？哈佛大学教授、社会心理学家埃米·卡迪指出，人在自信的时候，体内的睾酮水平较高，而皮质醇水平较低。

睾酮是一种类固醇激素，通常由男性睾丸或女性卵巢分泌，肾上腺也能少量分泌。睾酮同时具有维持肌肉强度、质量以及提神的作用。

皮质醇则是一种压力激素，通常在人们处于焦虑和压力状态时分泌，它会导致人们大脑内前额叶与海马体的神经元减少，而这两者分别主管人们的理性与记忆力。因此，皮质醇大量分泌的时候，我们大脑的性能就会受到显著影响。很多人在紧张焦虑时，感觉大脑一片空白，就是皮质醇大量分泌导致的。

所以，一个人在考场上发挥失常或超常发挥，主要取决于他处在焦虑还是自信的状态，体内到底是皮质醇水平更高，还是睾酮水平更高。

💡 如何在考试中进入自信状态

理解了发挥失常与超常发挥的本质，"在考试中如何超常发挥"的问题，就变成了"在考试中如何避免焦虑、如何进入自信状态"的问题。

接下来，我就向你介绍 3 种学了就能马上使用的"学霸"技巧，让你减少焦虑，增加自信。

技巧一：从简单题目入手。

焦虑的本质，是你感受到某种威胁的存在，失去安全感，没有掌控感，特别无能为力的一种心理状态。

比如在一次弱势科目的考试中，当试卷发下来，你写完班级、姓名后，发现映入眼帘的头 3 道题目，你一道都做不出来。此时，一种无能为力的强烈焦虑感就会向你袭来，皮质醇立刻大量分泌，前额叶与海马体的神经元迅速减少，大脑性能下降，哪怕后面的题目大多是你相对熟悉的，也依旧会让你乱了阵脚。

这时候，一个有效的方法是先做几次深呼吸，接着立刻跳过一时做不出的题目，把能拿的分先行抢下来，确保自己会做的简单题目都做对了，在这个过程中重新建立掌控感，从而降低当下的焦虑水平。

技巧二：按下情绪开关。

很多时候，虽然我们已经做了深呼吸，也设法从简单的题目入手了，但依旧无法把焦虑情绪降到正常水平。

此时，另一种行之有效的"学霸"技巧是用力按三下课桌，进行思维阻断。**思维阻断的心理技巧最初由运动心理学家津泽·邦克提出。其原理是通过刻意设计一个让自己适度走神的小动作，在重要的关头帮助自己转移注意力，摆脱坏念头。**

乒乓球世界冠军邓亚萍就对运用该技巧屡试不爽。比如1996年亚特兰大奥运会女单决赛上，尽管邓亚萍先拿下了两局，但第三局打成了20比22，输了关键分；紧接着，第四局又输了！大好的局面一路逆转，眼看就要在决胜局中败北了。

如何逆势翻盘？焦虑中的邓亚萍使出了思维阻断的心理技巧。第五局开始后，几乎每一个发球回合前，邓亚萍都会用手用力地、慢慢地在乒乓球台上按一下、两下、三下，总共按三下。通过这种简单但实用的心理技巧，她迅速地从上一个球的得失与焦虑中走了出来，专注地感受球台的触感及其给手的反馈，成功将注意力集中于下一个球该怎么打好。

对你来说，在考试中，如果强烈的焦虑情绪袭来，你也可以选择在课桌上用力地、慢慢地按一下、两下、三下，把注意力重新聚焦在当下的题目上，按下自己的情绪开关，阻断焦虑。

技巧三：利用具身认知，焕发自信。

解决了焦虑的问题，至少已经可以让你在一场考试中正常发挥。站稳脚跟后，我们接下来就可以更进一步，用具身认知的心理技术来激发自信，令自己进入超常发挥的境地。

什么是具身认知？它是心理学中的一个新兴研究领域，是指生理体验与心理状态之间有着紧密的联系，可以相互影响。

哈佛大学的埃米·卡迪与哥伦比亚大学的达纳·卡尼以及安迪·雅普曾经共同做过一个心理实验。

受试者被要求分别摆出双手叉腰、下巴微微上抬等高能量姿势以及佝偻着背等低能量姿势。结果显示，只需要保持某姿势很短的时间，就能引起睾酮与皮质醇水平的重大变化。

所以，如果你想要在考场上超常发挥，不妨在考试前利用具身认知，做出挺胸抬头、双手叉腰、下巴上抬等高能量姿势，从而提高自身体内的睾酮水平，进而焕发自信。

学习了本节内容，你知道了超常发挥（热手效应）及发挥失常与我们体内睾酮和皮质醇的水平有关。因此，考试时你可以从简单题目入手让自己逐步拥有掌控感，按下情绪开关阻断焦虑，减少皮质醇分泌；也可以利用具身认知，摆出高能量姿势来获得自信。

　　最后，祝你在每一场考试中都能发挥出更高的水平。

回归：利用抢占式学习，持续提升成绩

尽管你已经学会了在考试中超常发挥的技巧，但针对弱势科目，技巧毕竟都只是"术"，而"术"就意味着它只能激发出你的潜力，让你尽可能在原有水平上设法提高5%~10%。然而，要真正让弱势科目不再拖你的后腿，甚至把它变成你的优势科目，你仍旧需要日拱一卒，持续不断地提升自己的平均水平。

不过，日拱一卒并不是一件简单的事情，在很多人眼里，它需要意志力。那么，有没有一种不需要消耗太多意志力的办法，能让日拱一卒变成一件轻而易举的事情呢？

当然有。本节我们将由"术"入"法"，学习如何进行抢占式学习，持续提升成绩。

抢占式学习的含义

什么是抢占式学习？简单来讲，它是指当你理性上知道一件事情重要，但感性上却又没有动力去做时，可以选择强制给自己设定小任务，先做起来，再利用惯性坚持下去。

这个概念最早由《向上生长》的作者九边提出。他以前每次打算学习、看书的时候，经常会有"要不先玩一局游戏""要不先看几个短视频""要不先和朋友聊几句"的念头。结果你完全可以猜到，每天的时间都会在各种"要不先做一件其他事情"中耗尽，每天也都抢不到多少学习、看书的时间。后来，他开始强制要求自己，一定要先看 2 页书，完成这个小任务后，再去做别的事情。结果出乎意料，一旦把书拿起来了，坚持下去就成了可能。

后来，九边把该方法用在阅读厚达 1000 多页的大部头——《英国史》上。如果按照每天只看 2 页的速度，看完这本书至少需要 500 天。但实际上，九边才看了 1 个月左右，小半本书就已经被他阅读完毕了。由此可见，当一个人用抢占式学习的方法，强迫自己去做一件原本并不乐意做的事情时，这个人的潜力将远超自己的想象。

读罢九边的亲身经历，让我们再把注意力重新聚焦在自己身上。我们要如何运用抢占式学习，让自己有效地针对弱势科目做日拱一卒的刻意练习呢？我把这个过程分为 3 个可执行的步骤。

抢占式学习 3 步走

第一步：布置小任务。

人都是趋乐避苦的，每当你鼓起勇气去学习弱势科目时，你很可能会感到有一股无形的心理压力。这股心理压力会迫使你想方设法避免与它接触，让你拖延。比如在学习这个科目前，"要不先去喝杯水""要不先休息 5 分钟"等念头就会出现在你的脑海里。

但如果你能同九边一样，先强制自己完成一个小任务，比如先做 2 道题，做完再去干其他的，那么你就对当下的时间成功实施了抢占。而一旦开始做题，坚持下去也就有了可能。

强制自己完成小任务之所以会发挥作用，是因为大脑容易产生畏难情绪，只有当你把任务目标设置得足够小的时候，大脑才会"妥协"，你也才能更容易地在客观上开始攻克弱势科目。

第二步：适当奖励自己。

为了让自己坚持学习弱势科目，你要学会适当奖励自己。比如原本只打算做完 2 道题就休息，但某一次凭借做题的惯性，你竟然把半张卷子给做完了，此时，你就可以给自己适当的奖励，比如吃一块巧克力或者休息 5 分钟。无论采用何种适当奖励的方式都可以，怎么能让大脑感到快乐就怎么来。

尤其当你坚持每天做 2 道题的目标坚持了 1 个月，你就更应该给自己稍大一些的奖励了。在这个过程中，你完全可以把大脑当成一个人来对待。当你开始像鼓励别人一样鼓励自己的大脑时，你会发现，原来坚持做一件事并不费力。

第三步：把小任务变成习惯。

或许你听过"21 天养成好习惯"的说法，不过很遗憾，这种说法是不准确的。如果你不信，我们可以做一个思想实验来体会一下。比如你买了一包方便面，它的保质期到今年 12 月 31 日。如果你正好在 12 月 31 日 23:50 感觉肚子饿了，又注意到这包方便面，你会去吃吗？而如果这件事发生在次年 1 月 1 日 0:01 呢？方便面会不会因为这短短的 11 分钟就一下子变质呢？当然不会，任何事物的变化都是一个由量变到质变的过程，人的行为习惯自然也一样。

那么，"21 天养成好习惯"的说法又是从哪儿来的呢？我找了很久，终于找到了出处。原来一位外科医生发现截肢者通常需要 21 天才能习惯自己失去了肢体。然后在以讹传讹之下，这一发现就逐渐演变成了"21 天养成好习惯"。可是，"习惯失去肢体"和"养成某个好习惯"能是一回事吗？

紧接着，问题就又来了：养成习惯，到底需要几天？心理学家曾经招募了 96 名受试者，让他们设法养成每天坚持跑步、午饭后吃水果等习惯。实验结果显示，不同习惯的养成需要的时间完全不同，从 18 天到 254 天不等。比如，养成早上喝水的习惯远比每天坚持做 50 个仰卧起坐快。

好了，再回到我们的话题。如何把每天针对弱势科目的刻意练习变成自己的习惯？是的，利用抢占式学习，日复一日地练习，设法最多坚持 254 天。通过重复执行每天的小任务，来改变大脑中的神经结构，让这个行为逐渐形成条件反射，变得像每天早上起床后刷牙一样自然。

当你不再依靠给自己布置小任务，也能自然而然地开始行动时，这个行为就已经变成了你的习惯。到了此时，我就该恭喜你，因为时间的投入必将引起从量到质的改变，你的偏科短板也将逐渐被补齐，成绩自然也可以得到持续的提升。

　　人的大脑趋乐避苦，天生"畏难"。为了让自己"无痛"开始针对弱势科目进行日拱一卒的刻意练习，你可以先给自己布置一个微不足道的小任务，并适当地给大脑以奖励，通过最多254天的坚持，把小任务变成自己的习惯。

对待偏科

你可以试试这些高效学习法

西蒙学习法：短时间内学会新知识

高效的学习＝积极的学习动机 × 有效的学习方法 × 必要的时间投入。

读到这里的你，一定拥有积极的学习动机，也可能已经开始在弱势科目上投入必要的时间了，不过，如果学习方法不科学，就好比你穿着网络游戏里"新手村"的装备，却要和一身"史诗级"装备的对手竞争，这显然不是一场公平的决斗。

因此，你有必要学习 9 种经过实践检验的高效学习方法。下面，就让我们从西蒙学习法开始。

西蒙学习法

什么是西蒙学习法？它是由诺贝尔经济学奖、图灵奖的获得者赫伯特·西蒙提出的。西蒙学习法基于这样一个观点：对于一个有一定基础的人来说，只要他肯下功夫，6 个月的时间足够他掌握任何一门学问。

在践行西蒙学习法的过程中，使用者要连续长时间地针对某个特定领域进行学习。这样做的好处在于，在该方法的指导下，学习者会在某个领域连续学习，这种持续不断的学习本身就包含了对已学内容的不断使用，因此，客观上节省了大量原本需要用来进行复习的时间。

有人曾做出过这样的评价："在西蒙学习法的框架下，知识的专一性就如同锥尖，通过精力的集中，一下下地让锥子连续不停地钻进，从而在学习中呈现出一种尖锐猛烈和持续不停的态势。"这就好比如果要烧开一壶水，选择连续不停地烧，可能 20 分钟就烧开了；但如果烧一会儿、停一会儿，热量就会白白散失。

事实上，西蒙用他自己的这套学习方法，不仅在经济学领域获得诺贝尔奖，在计算机领域获得图灵奖，而且还在管理学领域获得沃尔多奖，在心理学领域获得美国心理学会终身贡献奖，甚至在政治学领域也获得了麦迪逊奖。掌握西蒙学习法，把它运用在弱势科目的学习上，无疑能显著提升你获得好结果的概率。

西蒙学习法的四大原则

原则一：选择垂直领域，凿透一点。

很多人在学习的时候会陷入某种误区，比如习惯于使用"题海战术"，又或者"眉毛胡子一把抓"。这是因为他们缺乏结构化思考的训练，以至于同时在许多学习领域做功。比如八年级数学包含了数与代数、图形与几何以及统计与概率3个部分；每个部分又包含了不同的学习领域，比如数与代数包含整式的乘除、因式分解、分式、二次根式和一次函数几个部分。

如果只是简单粗暴地去"刷题"，很可能每次都只复习了各学习领域内的知识及其题型中很小的一部分，等到下一次遇到的时候就又生疏了。

如果你选择专门针对某一个垂直领域学习，比如同一时间仅对二次根式进行集中学习，把该细分领域中的每一类题型都凿透，那么你有关二次根式的知识结构将非常完善和牢靠，在考试的时候，这类题目就几乎变成了送分题。

原则二：运用 SMART 原则，设定目标。

我们说，做任何事情都要有目标，因为目标可以让我们更有方向感，同时，目标与现实间的差距可以让我们看到目前的不足，从而产生继续追逐目标的动力。

现代管理学之父彼得·德鲁克认为，一个好的目标要符合 SMART 原则：

S，Specific，指向明确的；

M，Measurable，可以衡量的；

A，Attainable，可以实现的；

R，Relevant，具有相关性的；

T，Time-bound，有明确期限的。

在使用西蒙学习法学习弱势科目时，你也可以把 SMART 原则代入其中，比如在某段时间内学习二次根式：

S，明确指向二次根式；

M，能做对 80% 的相关题目；

A，目前的水平是能做对 70% 左右的相关题目，做对 80% 的目标是踮踮脚就够得到的；

R，用来学习的材料和题库都与二次根式相关；

T，只用本周的时间来做集中攻坚。

通过运用 SMART 原则，你给自己制定的目标不仅科学合理，而且你还能在结束后，通过检验实际完成情况与目标之间的差距来做复盘。

原则三：一口一口吃肉，拆分问题。

拆分问题，是为了降低学习的难度。法国数学家、物理学家笛卡儿曾说："（解决难题，就是）将所面临的问题尽可能细致地进行拆解，拆解到能用最佳方式将其解决为止。"这就好比你的餐盘里有一块巨大的牛排，如果直接去啃，则很难下嘴，但如果用刀叉把它切割成小块送到嘴中，就能优雅地品尝美味的牛排了。

具体要怎么拆分呢？举个例子你就明白了。比如写作文是你的弱项，每次考试你写作文都很慢，甚至很多次都要交卷了，你却还差一段没写完，怎么办？

好，开始拆分问题。首先，你在看到作文题后，审题花了多久？其次，你是边写边想，总是写到一半才发现需要推倒重来，还是构思的时候心中就已有基本的结构？最后，每次收尾的时候你是总为如何升华作文主题而犯难，还是平时就准备了许多金句，随时随地可以从脑中调用它们？

你看，当你能把写作文的时间拆解为审题的时间、构思结构的时间和升华立意的时间，并对每段时间进行有针对性的训练和素材储备，那么对写作文时间不够的问题就可以立刻安排行动计划了。

原则四：猛火持续狂烧，集中力量。

就像我们之前做的一个类比：要烧开一壶水，如果集中力量连续不停地烧，一般 20 分钟就能烧开；但烧烧停停，热量则会白白散失，壶里的水就算烧 2 个小时也未必能烧开。所以，在使用西蒙学习法时，我们需要为自己专门安排某个特定时间区间来进行集中训练。我们可以通过大量而集中的强化练习，短时间内夯实某个垂直领域的知识。

凿透一点、设定目标、拆分问题、集中力量，这 16 个字正是西蒙学习法的精髓。

费曼学习法：让知识留存率提高 17 倍的技巧

我们在之前的内容中讲到过学习金字塔模型，如果你还有印象，一定还记得，在学习金字塔顶端的"听讲"属于最低效的被动学习，其知识留存率只有 5%；而在学习金字塔底部的"教授给他人"则是最高效的主动学习，其知识留存率高达 90%。两者的差距竟有 17 倍之多。

是的，这种最高效的主动学习方法就是本节要详细讨论的内容——费曼学习法。

费曼学习法

什么是费曼学习法？它是通过重新组织自己的语言，用最简洁的话把一个知识点向别人讲清楚，让 10 岁小孩都能听懂的学习方法。这种学习方法从表面上看，是我们用浅显而直白的语言把深奥复杂的知识教授给他人，但实际上，真正实现知识内化的却是自己。

费曼学习法出自理查德·费曼，他是 1965 年诺贝尔物理学奖的获得者。作为量子电动力学创始人之一，费曼被认为是继爱因斯坦之后最睿智的理论物理学家。同时，他还是首位提出纳米概念的学者。

费曼在教授课程时，会竭力避免说行话、"黑话"，他非常擅长用普通人就能听明白的语言向学生传授物理学知识。由于他的授课风格风趣、幽默、"接地气"，所以他的课大受学生们的欢迎，他每次授课，教室都座无虚席。

而且，更加令人振奋的是，费曼的这些成就并非仅源于其天资聪颖，更来源于其使用了独特的、普通人通过训练就能习得的费曼学习法。这种学习方法总共分为 4 个步骤。下面，我就来为你一一拆解。

费曼学习法 4 步走

第一步：化繁为简，假装把知识教给一个 10 岁小孩。

为什么要假设对象是一个 10 岁小孩呢？因为 10 岁小孩的知识结构相对比较简单，他听不懂专业术语或者复杂词汇。而专业术语也好，复杂词汇也罢，恰恰是很多人用来掩盖自己不理解知识这一事实的手段。

比如我们之前讲到过的波利亚罐模型，它的公式十分复杂：

$$\frac{\prod\limits_{k=0}^{n_1-1}(N_1+kr)\prod\limits_{i=0}^{n_2-1}(N_2+ir)}{\prod\limits_{j=0}^{n-1}(N_1+N_2+jr)}$$

估计你第一眼看不懂，再看一眼可能就没有进一步去了解它的欲望了。那如果我们需要介绍波利亚罐模型，要怎样才能做到化繁为简，让一个 10 岁小孩都能听懂呢？

如果你还记得，我是这样对你解释该模型的：

> 请你想象有这么一个罐子，最初，罐子里只有 1 颗白球和 1 颗黑球。只要你摸到任意 1 种颜色的小球，按照规则，你不仅要把这种颜色的小球放回去，而且还要再多放 1 颗相同颜色的小球。比如你摸到 1 颗白球，就要放。2 颗白球。

你看，当你用 10 岁小孩都能理解的语言设法把一个抽象的概念描述出来，你也会同时迫使自己对该抽象概念进行更深层次的理解，在此过程中，你就在客观上把抽象概念理解得更透彻了。

第二步：频繁回顾，检视哪里让你卡壳。

要把一个知识点描述清楚并不是一蹴而就的，可能你在前几次设法表达的时候，一会儿发现这里没说到重点，一会儿又发现那里卡壳了。这种卡壳对你非常重要，因为这相当于你找到了自己思维关于某个概念或者知识点的边界。

你还记得三区理论吗？发现自己说不清楚恰恰证明你已经来到了学习区。此时，你就可以开始回顾，对照学习材料上的解释重新理解一遍，然后再设法用自己的语言表达一遍。

最典型的案例是文言文的理解。比如"出淤泥而不染，濯清涟而不妖"是北宋周敦颐《爱莲说》里的名句，但你在第一次读到它的时候未必能马上理解它的含义，更不必说用白话文把它解释给一个10岁的孩子听了。但当你不断地试着表达、卡壳、回顾、再表达，最终脱口而出，将它解释为"（莲）从淤泥里面生长出来，却不沾染泥土的污秽；在清水里洗涤过，但也不会显得妖媚"，这一千古名句就能深刻地印在你的脑海里，几年、十几年甚至几十年过去你都未必会忘记它的含义。

第三步：精简表达，将语言简化、条理化。

经过第二步，你已经大致可以把知识点和概念用自己的话表达出来了，但我还是建议你把它们先写下来。通过逐字逐句的检查，你可以审视自己是否真的没有从原先的学习材料里生搬硬套，或者使用了自己都说不清楚的专业术语；还可以进一步判断语句的逻辑是否清晰，是否条理化。

即使第一次写得不够好也没有关系，就像教育学家叶圣陶说的那样："好文章都是改出来的。"你写下来的内容正如一块璞玉，等着你来雕琢。几轮修改后，文章的逻辑一定会越来越清晰，表述也会越来越准确。

第四步：教授给他人，获得反馈，阐述细节。

前三步，你通过了自己的检验；第四步，也是最后一步，你就可以选择真正投入实战，准备接受他人的检验。因为每个人的知识结构是不同的，对方没有相关的背景信息，所以，当你尝试着把一个知识点教授给他人的时候，你能立刻从别人的表情或语言中获得反馈。对方可能会打断你，让你就某个细节详细地展开论述，如果整个过程中你完全不会被问住，那么恭喜你，你已经真正掌握了这个知识点。

费曼学习法是学习的妙方，也是促使你把知识点和概念掰开揉碎，从头重组的思维训练。当你按照以上 4 个步骤，一步步地完成"化繁为简、频繁回顾、精简表达、教授给他人"的全过程，知识在你的大脑中就会建立起强健的神经元连接，知识的留存率也必将大幅提高。

SQ3R 阅读法：5 个步骤让你的学习效率翻番

很多人都知道预习重要，但实践下来，又会感觉预习的效果无法显性化，似乎预不预习对自己学习成绩的影响并不大。然而，事实真的是这样吗？预习没有效果的一个很可能的原因在于：你在预习的时候方法没有用对。

本节要详细讲述的 SQ3R 阅读法就是一种能帮助你在预习时快速获得预习效果的高效方法。

SQ3R 阅读法

什么是 SQ3R 阅读法？该阅读法最早于 1946 年，由美国爱荷华大学心理学教授、教育心理学家弗朗西斯·罗宾逊提出。SQ3R 阅读法当时在美国高等院校迅速风靡，不仅让阅读变成一种主动的、有准备的活动，而且还能帮助使用者养成独立思考、假设先行、以解决问题为导向的学习习惯。

SQ3R 由 5 个字母组成：S，Survey，浏览；Q，Question，提问；R，Read，阅读；R，Recite，背诵；R，Review，复习。这 5 个字母互相串联，构成了一种从宏观到微观、从未知到熟悉的行为设计。通过这种行为设计，你就能比没有接触过这种阅读法的同学在正式学习还没开始的时候领先一步。

下面，我们就来详细拆解 SQ3R 阅读法的 5 个步骤，理解它们是如何产生作用的，以及具体要怎样进行操作。

🧠 SQ3R 阅读法的 5 个步骤

第一步，Survey，浏览。

浏览是一种俯瞰，俯瞰的目标是把握整体结构。比如你拿到这本书之后，可以先看一下目录，这样就能大致理解书中章与章之间的逻辑关系。

预习一节新课也是同样的道理。假设你在预习一节新课的内容，此时，你可以先进行浏览，大致了解这节新课讲了些什么，在大脑里先留下一个印象。

在浏览的过程中，请特别留意以下 4 种关键信息。

第一，引言和总结。引言通常会从你已知的内容出发，是你的认知起点，会将你导向后面可能未知的知识；总结则是认知的终点，通常会对这节新课的内容进行总结与归纳。

第二，章节标题与次级标题。这些标题是从起点到终点过程中的一个个路标，它们会提纲挈领地展示所讲内容。

第三，特别标注的内容。这些内容可能会用粗体、黑体、斜体进行标注，它们通常都是作者或编者特别希望引起你重视的内容。

第四，直观展示的特别内容。比如图片、图标、柱状图、曲线等。

当你对这些关键信息进行了一番浏览后，新课内容的大致轮廓就呈现在你的脑海里了。

第二步，Question，提问。

为什么要提问呢？我们来做一个思想实验你就有答案了。请你先观察一下你的周围，尽可能把所有你看到的"圆柱状物体"都默记在心里。好，接下来，请在看完下面这句话后立刻闭上眼睛。

在刚才观察的所有事物中，有什么物体是蓝色和绿色的？（请马上回忆，并立刻闭眼。）

现在，你睁开了眼睛，但刚才你在闭上眼睛的时候，对那些蓝色和绿色的物体是不是回忆不全？是的，这是人类大脑的

"无意视盲"现象导致的。无意视盲是人类大脑中客观存在的一种自然现象，即观察者在注意其他刺激物的时候，会对未注意的刺激物视而不见。

这种现象早在古希腊时代就被知名学者亚里士多德发现，在1998 年由哈佛大学与肯特州立大学的心理学家通过实验证实。

所以，你与其在面对一些新知识时，机械地从头开始阅读，不如提前针对内容提出一些问题，充分地调动自己的注意力，这样在后续的阅读过程中，你才会刻意和主动地去搜索问题的答案。

在浏览后可以提出的问题包括但不限于下面这些例子。

这个概念到底是什么意思？

这一节最难理解的部分是什么？

作者通过举例想要传达什么关键信息？

第三步，Read，阅读。

阅读是 SQ3R 阅读法中最重要的部分。但因为你已经经历了浏览和提问这两步，你的脑子里已经装了一些问题，等待在阅读的过程中获得解答，所以，你大概率不会像未使用这种方法的同学那样产生注意力涣散、心不在焉的情况。

此时，你可以把注意力重点聚焦在下面 3 个地方。

第一，与问题相关的地方。通过阅读这些相关段落，逐渐解开第二步提出的问题。

第二，举例的地方。举例是作者或编者为了把想要表达清楚的地方说清楚，通常这里都是难点，所以你可以放慢速度，重点阅读。

第三，转折词出现的地方。在一般的表述中，转折词之前的内容往往是铺垫，而转折词之后的内容才是作者或编者真正想要强调的内容。抓住转折词，你就能在很大程度上抓住重点。

在以上重点聚焦的地方，你可以找一支笔，把你觉得重要的部分画上波浪线，从而为第四步做准备。

第四步，Recite，背诵。

背诵的目的是建立我们大脑中神经元间的联系。读书百遍，其义自见，这其实就是神经元间建立联系后的结果。尤其是针对你在第三步阅读时画上波浪线的重点进行背诵，哪怕目前靠自己无法理解这些重点，这也有助于你在听讲的时候迅速地把老师讲的内容与自己不理解的部分联系起来，提高听懂的概率。

第五步，Review，复习。

德国心理学家艾宾浩斯通过分组实验发现，实验组在学习后进行复习，一天后可以保持98%的记忆率，哪怕一周后记忆率也能保持在86%；而对照组在学习后没有进行任何复习，一天后记忆率为36%，一周后记忆率为13%。

因此，针对重难点做好复习，至少可以让你的学习效率翻番。

SQ3R阅读法步骤较多，在使用初期可能会让你不习惯，但当你真正理解无意视盲、艾宾浩斯记忆实验，清楚这5个步骤提升学习效率的原理后，你会发现前期的时间投入成本都能通过使用这种方法赚回来。

思维导图法：从现在开始养成结构化思维习惯

你听过结构化思维习惯吗？你知道为什么有结构化思维习惯的人的学习效率更高吗？我们做个实验，你就有答案了。我邀请你按顺序记住下面这串数字：

1，4，9，1，6，2，5，3，6，4，9，6，4，8，1，1，0，0。

乍看之下，是不是很难记住呢？但如果我说，你其实根本不用刻意去记，因为它们是 1~10 这 10 个数字的平方罗列而成的，只不过每个数字被刻意拆开了而已。

现在，你是不是闭着眼睛也能按顺序报出数字了呢？

事实上，很多学习效率一般的学习者和学习效率很高的"学霸"之间的差距，就在于是否拥有这种结构化思维习惯。想要养成这种习惯，思维导图法能帮上忙。

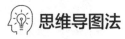 **思维导图法**

什么是思维导图法？它是一种以思维导图作为学习工具，帮助学习者通过阅读、结构化提炼、记录和绘制实现高效学习的方法。思维导图，又叫心智导图或脑图，它是由英国头脑基金会总裁、"世界记忆冠军协会"创办人东尼·博赞发明的一种图形思维工具。

和普通的学习笔记不同，思维导图倾向于让学习者以图文并茂的方式，通过拆解学习材料中各级主题之间的逻辑关系，将其层级分明地表现出来，并记录核心关键词、绘制图形，继而建立大脑与知识之间的记忆连接。

思维导图法的四大优势

学习和使用思维导图法对学习者而言共有四大优势。

优势一：结构化输出。 要绘制出一张思维导图，其前提必然是对学习材料有一定的理解，对主题与次级主题、次级主题与具体内容之间的逻辑有清晰的认识。因此，实际绘制思维导图的过程也是梳理逻辑，将主题进行结构化拆解的过程。

优势二：把书读薄。 思维导图中的每一根"触角"都是一些提纲挈领的关键词。关键词简洁明了，却是钩出更详细内容的钩子。而且这些关键词是你在亲手绘制思维导图的过程中总结梳理的，所以在复习的时候，你只需要简单地扫一眼思维导图，就能根据关键词回忆起具体的内容了。

优势三：把握关键。 在绘制思维导图时，必须删减冗余信息，所以该过程也是一个用输出倒逼输入，逼迫自己集中注意力，抓住重点的过程。

优势四：有效记忆。 每一幅思维导图本质上都是把抽象的知识形象化，从而充分调动学习者左右脑的机能，同时用符合人脑思维与记忆特点的规律，来协助学习者高效地把知识留存在脑海里。

因此，当你使用了思维导图法，你就在践行的过程中客观上进入了学习金字塔主动学习的实践部分，知识留存率也就能大幅提高。

践行思维导图法

第一步：准备工具。手绘版的思维导图通常需要 1 张 A4 纸，4 种及以上颜色的用来绘图的彩笔（非必需），以及 1 支用来书写关键词的钢笔或中性笔。

第二步：拆解主题。比如你阅读本节内容就可以使用思维导图法。你可以在 A4 纸的中央写一个大大的主题：思维导图法。

第三步：画出分支。分支是对主题的拆解，依旧以本节内容为例，你可以在"思维导图法"主题的周围分别写上"是什么""四大优势""学习力工具"和"怎么做"。

第四步：写关键词。"是什么""四大优势""怎么做"属于二级目录，下一步则是在二级目录下总结出几个关键词来进行提纲挈领的描述。比如在"是什么"部分，可以进一步用"图文并茂、拆解逻辑关系、记录核心关键词与绘制图形、建立记忆连接"来描述。

而"四大优势"和"怎么做"这两部分的内容本身结构就

已经很清晰了，你就可以把相应的小标题作为关键词。

第五步：绘制图形（非必选）。图形是为了调动人的右脑来帮助记忆。在这个步骤中，彩笔就派上用场了。每个二级目录的分支都可以使用一种颜色，接着你可以根据自己的绘画水平来绘制相应的图形。

尽管绘图的确能帮助你记忆得更深刻，但它并不是一个必选项。所以，你也可以根据个人喜好来决定是否需要绘制图形。事实上，只要你在完成思维导图的绘制后，一眼看去，每个关键词背后的内容都能清晰地在脑海中浮现，这幅思维导图就是合格的。

学习力工具

除了手绘，你也可以使用平板电脑或手机等设备上的学习力工具来完成思维导图的绘制。我自己常用的学习力工具是这4个：幕布、百度脑图、钉钉脑图和 Xmind。

其中幕布最贴合我在手机上绘制思维导图的习惯，因为当我把文字和逻辑结构在一个文本框里输入完毕后，它能一键生成思维导图的图片，而且我还能通过微信给别人分享图片链接，邀请别人和我一起更新思维导图。

百度脑图和钉钉脑图则更适合计算机的使用场景，而且它们都可以在线保存，你不用担心计算机死机而造成文件丢失；而 Xmind 则更适合单机场景。

如果你正在一边阅读一边绘制思维导图的话，到这里为止，思维导图应该已经基本绘制出来了。以下是我用幕布绘制的思维导图，你可以和自己绘制的比较一下。

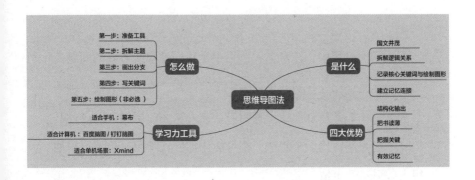

绘制思维导图是一种学习方法，更是一种学习习惯。当你将学习材料一个个都绘制成思维导图后，它们就变成了你在学习道路上收获的一颗颗结构化知识结晶。当这些结构化知识结晶累积到一定数量时，量变必将引起质变，从此以后，你也将成为一个拥有结构化思维习惯的人。

番茄学习法：知行合一，让学习事半功倍

在学习过程中，注意力无法集中是我们谁都绕不开的问题。尤其当你把自己关在房间里埋头学习的时候，你经常会被各种因素干扰。比如窗户外面传来猫叫声，家人从你的房门口路过，甚至脑子里突然冒出一个想法，都可能让你停止学习，急不可耐地想去做另一件事情。

可是，为什么我们在学校的教室里，和许多同学一起学习时，发生这种情况的概率就要低得多呢？其中很重要的原因，就是教室里有"学习场"。

学习场与番茄学习法

什么是学习场？这个概念出自德国心理学家 K. 勒温，他把物理学中的场概念引入了心理学领域。勒温认为，一个人的行

为会随着人和环境这两个因素的变化而发生变化。所以，在坐满同学的教室里，大家都在埋头学习，这种环境就形成了一个巨大的学习场，你在该学习场中，就更容易集中注意力；而如果你把自己关在卧室里，没有促进你学习的人和环境，那么此时此地就没有学习场，这就导致你很难集中注意力。

有些同学的策略是周末去图书馆学习，因为图书馆里有学习场。的确，这是一个好办法。不过，就算在家里学习，你也同样可以通过运用番茄学习法，给自己建立学习场。

番茄学习法由意大利人弗朗西斯科·西里洛发明，它要求你通过"列任务清单 + 把时间按每 30 分钟一个小块分成若干小块"的方法，为自己制造仪式感，塑造学习场。**在每个 30 分钟里，前 25 分钟是专门用来专注完成任务清单上学习任务的时间，而后 5 分钟则是一次彻底休息的时间。**通过这一个又一个的 30 分钟，我们既能劳逸结合，又能不断地练习使用番茄学习法，让学习场的力量越来越强。

番茄学习法 5 部曲

番茄学习法非常容易上手，一共有 5 个步骤。

第一步，罗列任务。

这是最简单的一步。在罗列任务的阶段，你可以把需要完成的学习任务统统列成任务清单。当然，弱势科目的学习任务优先级相对较高，你可以将其安排在自己精力更旺盛的时间段，从而提高学习效率。

第二步，坚决执行。

之前我们提到过，在学习的 25 分钟里，通常你会遭遇两种打断。

一种打断来自内部，比如你突然口渴了，突然想上厕所了，突然脑袋里出现一个绝妙的想法，等等。要应对这种来自内部的打断，你可以选择在 25 分钟的专注时间开始前，提前做好准备，比如提前倒好水，提前上好洗手间，提前准备一支笔和一张白纸，把脑袋里可能冒出来的绝妙想法先记录下来，等25 分钟的专注时间结束后再去处理。总之，这 25 分钟的专注时间"神圣不可侵犯"，如果不是当下要做的紧急必要事件，一律提前做或者延后做。

另一种打断来自外部，比如妈妈来给你送水果了；爸爸下班回家，想摸一摸你的头再去洗澡；窗外的猫又叫了；等等。同样，对于非紧急必要事件，你可以提前和父母打好招呼，告诉他们这是你的 25 分钟专注时间，让他们尽可能避免打扰你；

为了防止被窗外的声音打断思绪，你也可以选择在专注时间段关闭窗户，隔绝噪声。

好了，到这里为止，你的学习场已经塑造了八成了，另外两成则由 5 分钟休息时间来塑造。这 5 分钟可以干什么呢？最好的办法是站起来走动走动，打开窗户呼吸一下新鲜空气，也可以去阳台上远眺。

第三步，如实记录。

记录自己在 25 分钟的专注时间中被内部打断了几次，被外部打断了几次。这样做的好处是用事实和数据说话。随着使用番茄学习法的次数增加，当你能逐步减少被内外部打断的次数，使用番茄学习法完成学习任务产生的成就感会让你的大脑分泌内啡肽，内啡肽与成就感又将进一步促使你继续践行番茄学习法，继而不断地加强学习场，让你在学习的时候更专注。

第四步，及时处理。

需要及时处理的内容主要是你在被内部打断时记录下的好想法、好点子。如果每次被内部打断后记录的事情都能被及时处理，这样一来，你就能逐渐养成专注时不因突发的奇思妙想而中断的习惯了。

第五步，定期复盘。

为了下一次将番茄学习法执行得更好，你还需要定期地回顾某段时间内番茄学习法的执行过程到底是行云流水，还是磕磕绊绊。你被打断的次数是变多了，还是减少到了零？有没有其他之前没有想到的问题干扰了你的执行过程？如果是高频发生的问题，把它们梳理一遍，并制订好相应的解决方案，这样你在下一次使用番茄学习法的过程中的学习效率一定会更高。

番茄学习法趁手小工具

为了精确和快捷地践行番茄学习法，除了按照时钟来计时，你也可以请父母在网上购买相应的趁手小工具。比如长得像一颗番茄的旋钮式番茄钟，到点了会像闹钟一样响铃。还有一种小工具是以 25 分钟为单位的沙漏。在你开始计时，倒置沙漏的一刹那，细沙开始均匀流淌，学习的仪式感瞬间就被"拉

满"。而且，当你周围的人看到你的旁边有一个沙漏时，他们就会知道你正在使用番茄学习法专注地学习，而且他们可以根据沙漏中剩余细沙的数量，决定什么时候来找你。

作为一种营造学习场的策略，番茄学习法的 5 个步骤不仅可以运用在学习上，一旦你养成了运用它的好习惯，等你以后参加完高考，顺利从大学毕业，踏上了工作岗位，你同样可以把它升级为番茄工作法。届时，你的工作效率也必将显著高于身边大多数人的工作效率。

改错笔记法："学霸"们每天悄悄打磨的"武器"

绝大多数人都是在错误中不断反思和进步的，特别是"学霸"们非常重视在过往做错的题目上下功夫。所以我相信，"错题本"的概念你一定不是第一次听说，但你知道什么样的错题本能让你既省力，又快速地提升弱势科目的成绩吗？

是的，本节我要向你推荐的改错笔记法，正是"学霸"们每天都在悄悄打磨的秘密"武器"。

传统错题本的弊端

你在使用错题本的时候，是不是每次都把在作业、考试中做错的题目认认真真地抄写在错题本上，期望用这种传统的方式不断地累积错题、复习错题，进而改正错误呢？

但这种传统错题本的实践效果通常并不好，其中主要有 3 个原因。

第一，错题不结构化。你如果只是单纯地根据时间顺序，把自己做错的题目誊写在错题本上，这会让这本错题本的内容东一块、西一块，非常碎片化。这种碎片化内容不仅不利于你总结自己到底在哪里容易犯错误，而且由于实际使用的体验感欠佳，你也会逐步失去更新错题本的动力。

第二，抄写十分耗时。每个学生的时间都非常宝贵，况且平时作业多，压力大，睡觉的时间都不够，如果你再把时间浪费在抄写错题上，真正记录和复盘错题的时间就会很少。

第三，复习费时费力。由于错题本的记录没有章法，你在复习的时候也会失去焦点。看起来你密密麻麻记录了一堆，十分努力，但这种努力实际上只是低效勤奋。

所以，只有从使用传统错题本升级为使用改错笔记法，你才能真正利用改错笔记来提高自身成绩。

改错笔记法

一套科学有效的改错笔记法通常可以分成 2 个部分。

第一部分，分类登记错题。

我们在介绍思维导图法时曾经提到过结构化思维，这种思维方式首先要求我们针对不同学习领域的内容进行归类。

比如最简单的方式就是根据教学大纲中的知识点对错题进行归类。例如针对数学，你可以把二元一次方程相关的错题安排在一起，把不等式相关的错题放在一块儿，以避免错题"大杂烩"的问题出现。

还有一种方式是根据题型来归类。例如物理这个科目可能有选择题、推断题、实验题、计算题等题型。将错题按照题型分类，有助于你找到自己在每一类题型上容易犯的错误，下次再遇到这些题型时，你就会格外地小心了。

第二部分，错题记录技巧。

"学霸"在记录错题时有 3 个技巧。

技巧一：利用活页本。

活页本最大的好处是可以单独拿一页出来记录错题，记录完之后再根据自己的需求将其插在活页本中具体的某一个位置；而且哪怕这一页不小心写错了，也可以重新拿一张空白页，把修改后的正确版本插在活页本中。这样一来，一方面，你的错题本会更有秩序感，从而激励你持续更新改错笔记；另一方面，将来你还能把掌握程度高的错题内容剔除出去，让错题本越来越薄。

技巧二：利用康奈尔笔记法做改错笔记。

康奈尔笔记法，又称 5R 笔记法，它要求记录者把一页活页纸按照下图所示的方式分成 3 个部分。

第一部分是笔记内容区，其面积最大，专门用来**记录**（Record）错题的详细内容。

第二部分是笔记内容区左侧的提示栏，又称**简化**（Reduce）栏，用来以简短的语言描述和概括正确的解题思路，同时提示自己这道题目当时因何而错。在写完提示栏的内容后，你可以用手遮住笔记内容区，仅仅盯着提示栏，**背诵**（Recite）错题的详细内容，以加深自己对错题的印象。

第三部分是下方的概要区，可以用**思考（Reflect）**后的一两句话在其中做备注，总结自己以后该怎么做才能避免在类似的题型上失分。以后在翻阅改错笔记的时候，你就可以非常快速地通过先看概要区来进行**复习（Review）**，如果觉得印象不太深，再逐一回顾提示栏或笔记内容区，以提高对错题的熟悉程度。

值得注意的是，为了提高效率，你可以直接把试卷上的题目和错误的答案用剪刀剪下来，粘贴在活页本的笔记内容区。

技巧三：用好改错笔记的 3 个关键。

当你用日拱一卒的方式，为自己积累起厚厚的一本改错笔记后，接下来你就可以遵循下面这 3 个关键，进行科学有效的复习。

关键一：相似题型，进行对比复习。

由于你使用的是活页本，所以相似题型的内容本身就已经被整理在一起了。在复习时，你可以对过往的错题进行对比复习，从而发现自己的高频错误，并重点关注，避免再犯同样的错误；与此同时，针对不同题型，你还可以选择间隔复习，即每天复习不同的题型，隔三岔五地让自己对同一类题型加深印象。

关键二：不同思路，使用不同颜色的笔。

大多数时候，针对同一道错题，通常都有不同的解题思路。解题思路的拓展有利于你在考试时以更灵活的解题方法在更短的时间里抢到分数。所以，在平时复习改错笔记的时候，你就可以使用不同颜色的笔，对同一道错题的不同解题思路进行标识。当这些醒目的标记被你不断地重复印刻在大脑里后，你将会"复习破千题，下笔如有神"。

关键三：掌握程度，使用不同标记。

针对一道错题，你可以使用不同的标记来标识自己对它的掌握程度。比如 1 个△代表有些陌生，2 个△代表熟悉，3 个△表示熟稔于心。当一页错题都用 3 个△标记时，你就已经可以把这一页改错笔记取出活页本了。

　　做改错笔记是一个日积月累的系统工程。正所谓"流水不争先，争的是滔滔不绝"，只有日拱一卒地科学记录和复习改错笔记，你才能有朝一日跻身"学霸"之列。

前馈学习法：越学越自信的方法

高二的时候，物理是我的弱势科目，这让我十分着急。为了提高物理成绩，我只得找到父母的朋友——一所重点高中的物理老师"开小灶"（免费）。

这位老师的教学方法很独特，他会准备一沓 A4 纸，然后开始在 A4 纸上写题目。写完题目后，不容我们思考，他就直接边讲边解题了。当然，如果在此过程中有人跟不上节奏，可以随时打断他，他会回到上一步，接着继续向下讲。老师家里还有一台复印机，每次下课后，他会把这些 A4 纸上的题目复印几份，让每人带一份回家消化。

接下来，神奇的事情发生了。在紧接着的物理周考中，试卷上居然有两三道题的题型与 A4 纸上的题型非常相似。隔天考试成绩发下来后，我居然从班级中游水平一下子挤入了班级前 10 名。再后来，几乎每次物理周考都会发生类似的情况，而在这一周又一周的认知强化中，我对自己的定位也从一个物理学不好的学生，逐渐变为物理学得还不错的学生，再到后期变为物理尖子生。最后，在高考时，我的物理以年级前 3 名的成绩为高考总分助力，我也顺利被第一志愿学校录取。

前馈学习法

物理学习从偏科到逆袭的过程让我至今记忆犹新。我把这种学习方法及其产生的作用总结为前馈学习法，也就是人们常说的"把事情做在前面"。因为既然有些事情迟早都要做，而且做在前面可能获得更好的反馈，有利于形成激励，令你获得自信，那为什么不先做呢？

在我看来，前馈学习法可以分为两个阶段。

阶段一：提前输入，提前解析

考试的本质是对学生学习成果和知识掌握程度的测试和量化评估。如果你能在考试之前掌握相似的题型，熟悉快速解题的技巧，你就能在考试中把更多时间花在其他题目的解答或者答案的检查上。如何才能在考试之前就掌握相似题型呢？答案正是提前输入。

提前输入的办法有很多。针对文科科目，比如语文、英语，性价比最高的办法就是提前把要背诵的古诗词、文言文背诵完毕；提前把要写的同步作文预写一遍；提前把本学期需要背诵的单词统统背诵完毕。而针对数学、物理、化学等理科科目，则可以提前 1~2 周在网上找到相应科目的试卷，对这些试卷上的题目进行提前解析。

阶段二：获得反馈，积累优势。

由于你已经把"事情做在了前面"，因此，与那些仅仅跟着老师进度学习的普通同学相比，你已获得了先机。这就好比你在玩游戏前偷偷看了攻略，所以你对剧情和角色的技能了如指掌，在这种情况下，你当然能或多或少占优势，获得更好的反馈。千万别小看初始的微弱优势，很多时候，正是这些微弱的优势，能在较长的时间区间里导致巨大的差异。

举个例子，加拿大是冰球运动强国，但有一件很奇怪的事情，那些优秀的冰球运动员绝大多数都出生在 1~3 月，这是为什么？因为冰球运动员在还是孩子的时候就会参加选拔，由于第一季度出生的孩子比后 3 个季度出生的孩子早出生几个月，所以，他们天然就拥有少量的体能优势。

别小瞧这一点点体能优势，它能让在 1~3 月出生的冰球运动员在训练中获得更多来自教练的表扬。就像我们在之前的内容中提到过的罗森塔尔效应，教师对学生的殷切期望会在客观上帮助学生提升。时间一长，这些经常获得教练的正反馈的孩子就会不断地积累优势，最后成为出色的冰球运动员。

是的，这和你可能听过的复利效应有些类似：1.01 只比 1 大 0.01，但 1.01 的 365 次方约为 37.78；而 0.99 也只比 1 小 0.01，但 0.99 的 365 次方则只有大约 0.026。人与人之间的差距，就是在不断地获得反馈、不断地积累优势或者劣势的过程中被拉开的。

建立自我效能感

什么是自我效能感？我们在前文提到过这个概念，它由心理学家阿尔伯特·班杜拉提出，是指人们对自己在特定领域内完成任务的信心和能力。

当你认定某个科目是你的弱势科目后，你对自身能力以及对结果的期望值都会偏低，这就会导致你潜意识里认定自己在这个弱势科目上没有天赋，相应地，你投入的时间也会减少。但如果你能通过前馈学习法，获得一次比一次更好的考试成绩，不断增强自己的自我效能感，看到自己的进步，就会觉得自己有能力解决难题，有信心把弱势科目学好，这种发自内心的"相信"就会让你在学习这个科目时感觉有劲。

量变必然会引起质变，当你开始践行前馈学习法，我相信，你也能通过实际考试成绩的逐步提高，不断地增强自我效能感，不断地补齐短板，甚至形成优势，成为尖子生。

有别于普通的、按部就班的学习方法，前馈学习法是一种"把事情做在前面"的学习方法。该学习方法要求你提前输入，提前解析，把必须要背、要写、要理解的内容学习在前面；然后通过获得反馈，建立初始的微弱优势，并且利用这种优势，引发罗森塔尔效应，继而建立起自我效能感，越学越有自信。

三三应用法：让举一反三不再只是口号

你一定听老师讲过，对任何一个重要的知识点，都要尽可能举一反三。可是，你知道老师为什么要强调举一反三的重要性吗？举一反三具体又要如何实现呢？

举一反三

什么是举一反三？它是指用一件"已知的事情"去推知"类似但未知的事情"。这个词最早出现在《论语·述而》中，原文是："不愤不启，不悱不发。举一隅不以三隅反，则不复也。"

"举一反三"之所以重要，是因为一个人的时间和精力是有限的，如果每个问题都要问一遍才能理解，每道题目都要做一遍才能掌握，那么"吾生也有涯，而知也无涯。以有涯随无涯，殆矣"！

但如果我们能掌握举一反三的能力，就不仅能通过深入探究事物的本质与规律，从表象背后找到问题的共性，继而提升观察力、洞察力和理解力，还能拓展思路，从某一个角度出发，在类似或相关问题中触类旁通，更快速、更有效地在考试中拿到更高的分数。

所以，举一反三这种能力一旦习得，你就仿佛在游戏中吃了一瓶"增益魔法药剂"，获取经验值的速度都能上一个台阶。

好，接下来关键的问题来了，在现实生活中，"举一反三"很多时候都只是一个口号，怎样才能让它真正落地呢？我的回答是：你需要习得三三应用法。

💡 三三应用法

三三应用法是许多"学霸"的秘诀，一共可以分成 3 步来应用。

第一步，践行三三应用法中的第一个"三"，这要求你每次学会一个知识点后，至少要去运用 3 次，从而真正理解和掌握它。

为什么要特别强调使用 3 次呢？"一生二，二生三，三生万物。"这里的"3次"泛指多次。技能也好，方法也罢，无论是在书本上还是在网上，你要找到它们十分容易，但想真正把它们变成你自己的本领，则需要多次实践。

举个最简单的例子，我们很小的时候就学会了系鞋带，但我们学会的多半是最简单的蝴蝶结系法，适用于短鞋带，现在很多运动鞋的鞋带都很长，这类长鞋带要怎么系才能不拖到地上，避免总是散开呢？

你在网上可以找到很多系长鞋带的方法，但如果只是看着视频，学着系一次，下一次系的时候还是会忘记。如果你试着系3次及以上，这种方法就会在你的大脑里留下较深的印象，以后如果遇到别人的长鞋带总是散开的场景，你也可以及时帮助和指导别人。

同样，写作中有一个技巧叫作"五感写作法"，也就是从视觉、听觉、嗅觉、触觉、味觉这5个维度去描述细节，让老师在阅读你的作文时，产生一种代入感，从而肯定你的写作水平。比如，你可以用下面这段文字描述吃一颗草莓的过程。

用手指拿起鲜红色的草莓（视觉），指尖感受到它粗糙的表面（触觉）。闻一闻，淡淡的果香扑鼻而来，令人垂涎欲滴（嗅觉）。轻轻一咬，果肉爆出汁水，十分香甜（味觉）。舌尖感受到果肉柔软的质地（触觉），同时也能感觉到甜味在口中蔓延开来（味觉）。最后，一口把这颗草莓的果肉和果汁吞下，留下的是香甜的味道和满足的心情。

那么吃一根香蕉呢？吃一串羊肉串呢？甚至吃一粒葵花籽呢？是不是都可以用"五感写作法"写一遍？当你练习至少 3 个场景后，"五感写作法"这个技巧就更可能被你牢牢掌握了。

第二步，也就是第二个"三"，要求你深刻理解和掌握知识点背后的本质知识，由"已知"到"未知"，并运用搜寻的方式，找到 3 个运用了本质知识的案例。

我们以"五感写作法"这一知识点为起点，该知识点背后的本质知识是什么呢？如果你进行深度挖掘，就会发现，该写作技巧之所以能让阅读者产生画面感，让人觉得你的写作水平高，是因为根据神经心理学的观点，控制人类欲望的爬行脑更喜欢视觉化的信息，而非抽象信息。

于是，你就可以去思考到底有哪些现象符合这个理论。比如你以前可能在广告海报上看到过，苹果公司的创始人乔布斯当时这样写广告文案宣传 iPod："把 1000 首歌装进口袋里。"这句话就比"小体积大容量"这种抽象描述更生动形象。

还有另外一句话，你大概率也听到过："站在风口上，猪都会飞。"这样的描写就比"抓住机遇，获得成功"更形象生动，也更能产生画面感。

　　还有非常著名的马丁·路德·金的演讲："我梦想有一天，在佐治亚的红山上，昔日奴隶的儿子将能够和昔日奴隶主的儿子坐在一起，共叙兄弟情谊。"

　　当你养成这种"从本质知识出发，努力寻找3个案例"的习惯后，你就为第三步的"举一反三"做好了准备。

　　第三步，举一反三地应用，也就是实践。

　　最简单的应用是模仿。我们依旧以"写一段有画面感的文字"为例，你可以对上述3个案例进行仿写。

　　比如："把1000首歌装进口袋里。"

　　你可以仿写成："科学家发明了电子书，就是把整个图书馆装进了一部手机里。"

　　又如："站在风口上，猪都会飞。"

　　你可以仿写成："努力学习，终有一日你能飞翔如鹰。"

　　再如："我梦想有一天，在佐治亚的红山上，昔日奴隶的儿子将能够和昔日奴隶主的儿子坐在一起，共叙兄弟情谊。"

你可以仿写成："我梦想有一天，在火星的实验室里，我在记录和对比数据，进行关于火星土壤的科研活动；而在实验室外，鲜艳的五星红旗迎风飘扬。"

举一反三是一种重要的学习能力。你可以通过践行三三应用法的 3 个步骤，让举一反三不再只是一个口号。

第一步：每次学会一个知识点后，至少运用 3 次。

第二步：深刻理解和掌握本质知识，并找到 3 个运用了本质知识的案例。

第三步：根据你找到的 3 个案例，进行模仿应用。

二八"刷题"法：科学"刷题"从这里开始

你听说过"二八法则"吗？该法则也被称为"帕累托法则"或"80/20 法则"。"二八法则"认为，大约 20% 的因素可以产生 80% 的结果。由此可知，20% 的少数学科也会占用一个学生 80% 的学习时间。

同样的道理，对于弱势科目，"刷题"的确是提升分数的路径之一。但在所有你"刷"的题目中，仅有 20% 的核心题目才是能真正对你起到 80% 的提分作用的部分。

那么，问题就来了，如何才能找到重要的 20% 的核心题目呢？你需要习得二八"刷题"法。

二八"刷题"法，就是用最少的时间获得最大产出的"刷题"策略。这里有两个方向对你至关重要：有效"刷题"和定向"刷题"。

有效“刷题”

有效“刷题”的目标在于不断突破舒适区，进入学习区。我们在之前的内容中介绍过三区理论，在“刷题”场景中，我们就要把理论真正运用于实践。

很多同学在“刷题”时经常会陷入两类误区。

第一类，总在舒适区“刷”自己早已会做的题，而不自知。如果“刷题”的目的是提升自己的信心或者夯实基本功，这样做自然并无不可；但如果你总在舒适区“刷题”，就会把时间和精力耗费在 80% 的低效区间里。这样做，考试成绩很难获得显著提升。

第二类，则是走向了另一个极端：总盯着难题“刷”，往恐慌区里“钻”。比如我在学生时代也曾犯过类似错误：当时，我还为从重点中学重点班获得“地狱级”难度的数学“怪题”沾沾自喜，但刚“刷”没几道就发现第一道不会，第二道也不会，第三道还是不会——“刷题”完全“刷”不下去。这种打击一度让我怀疑自己的能力，也给我带来了极大的挫败感。

所以，你必须有意识地去判断自己计划“刷”的题是否落在学习区。一旦发现题目太简单或者太难，你就要毫不犹豫地进入或退回学习区，只有这样，才能让“刷题”这件事情真正产生作用。

💡 定向"刷题"

定向"刷题"的目标，是针对你的弱势科目，挖一口直径1米、深1000米的井，一次只"击穿"一类薄弱题型。

从应试的角度而言，任何一个学科的考试题目都隶属于不同知识板块；而从试卷的呈现形式来说，每一道题目都可以归为某一类题型。比如英语中的动词不定式、介词搭配，数学中的一元二次方程、数列。

既然如此，为了尽可能保证拿下某一类题型里的大多数分数，一个有效的策略就是定向"刷题"，仅针对该类题型做刻意练习。比如你发现自己常在三角函数题型上大量失分，那么，你就可以专门花一周的时间，针对三角函数定向"刷题"。

在具体落实定向"刷题"时，通常有4个黄金步骤。

第一步，知识回顾。定向"刷题"前，你可以拿出考试大纲和教材，使用我们之前说过的IDO 3步法重新对书本上的知识和案例进行理解和梳理；做完这些基础工作之后再去"刷题"，而非在还一知半解时直接开始"刷题"。比如对于三角函数，你至少要对倒数关系、商数关系、平方关系等知识烂熟于心，对和差化积公式、积化和差公式、倍角公式等知识了然于胸，才能正式开始定向"刷题"。否则，很可能"刷题"才刚开始，你就发现这个不记得，那个不熟悉。这样不仅会影响"刷题"效率，而且还将挫伤你前进的动力。

第二步，首次"刷题"。当你感觉自己准备好后，你就可以开始首次"刷题"了。此时，你通常会遇到3种情况。

第一种，"刷题"很顺利。这说明这些题目在你的舒适区内，你可以将它们标记为"B"，之后就不用再看了，以免浪费你宝贵的时间。

第二种，虽然磕磕绊绊，不太熟练，但依旧能做出题目，或者花了很长时间，才把题目做出来。这种情况表明：你已经正式进入学习区了。这些题目可以标记为"A"，表示你之后还需回顾它们，从而提高自己的熟练程度。

第三种，由于对知识点的熟悉程度不足，题目只能做出一部分，或者完全没有头绪。比如做到一半，数学公式背不出来了，英语单词回忆不起来了，又或者已经在这道题目上花了10分钟了，但依旧没有解题思路。如果你遇到了第三种情况，只要它们不是怪题、偏题，那么恭喜你，关键的20%能提高你分数的题目被你挖掘出来了！赶紧将这些题目标记为"S"，接着立刻使用IDO 3步法，重新把知识点彻底搞明白。

第三步，总结规律，举一反三。进行定向"刷题"时，要找到解题的通用思路和方法，结合三三应用法，彻底搞懂并吃透这类题型的规律及解法，这样就能提升第四步的成功率。

第四步，二次"刷题"。因为定向"刷题"的最终目标是把某一类题型统统拿下，以后你再遇到类似题型就能游刃有余。所以，二次"刷题"的本质，就是对前 3 个步骤做得是否到位的检验。在二次"刷题"中，尤其需要注意那些被你标记为"S"的题目，在这一步中，它们是否被你顺利攻克？这次能否把"S"改为"A"，甚至直接改为"B"？

当你根据这 4 个步骤走下来并且顺利做完题目后，当同类题型中几乎已经没有"S"，鲜有"A"，绝大多数都是"B"时，你已在客观上完成了对二八"刷题"法的有效践行，这类原本在学习区里的题型已然正式进入你的舒适区，你也大概率可以在考试中拿到相应的分数了。

有效"刷题"的核心在于不断突破舒适区，避免进入恐慌区，尽可能留在学习区"刷题"。

为此，你可以践行定向"刷题"的 4 个步骤：

第一步，针对弱势科目的薄弱题型做知识回顾；

第二步，首次"刷题"，对遇到的情况分别做好"S""A""B"3种标记；

第三步，结合三三应用法，总结规律，举一反三；

第四步，二次"刷题"，争取将标记为"S"和"A"的题目一举拿下。

抢分实战

如何把弱科"捡"起来

语文：从阅读到写作，成为高手的秘诀

很多人认为，语文是一门博大精深的学问，学好语文没有捷径，必须依靠平时的积累。这种看法是对的。但如果语文是你的弱势科目，你想要快速地从"较差"提升到"较好"的水平却未必没有策略。如果你能抓住其中的关键，运用"二八法则"集中力量做功，你就获得了成为高手的秘诀。

所以，我们需要先做排除法，确定哪些板块是无法短期内提升，必须靠积累的，比如多音字识别、文言文理解、古诗词填空等；而剩下的可以依靠短期刻意练习获得提升。可快速提升的则主要集中在阅读和写作这两个板块。

阅读理解题抢分秘诀

阅读理解题在一张考卷中的分值一般在 30 分左右，失分较多的同学往往会丢掉一半甚至更多分数。对于很多学生来说，**无法得分的一个核心原因是"时间不够"**。那么，如何才能提高阅读理解的速度，做到"快、准、狠"，继而减少失分呢？下面这3个技巧就非常关键。

技巧一：紧盯中心句。

绝大多数能被选作阅读理解题的文章都是有中心句的，中心句是文章的"骨头"，你要紧盯"骨头"，对于其他包在"骨头"外面的"肉"，即细节只需快速浏览即可。

我们就以前面一段话（"阅读理解题……非常关键。"）为例，很显然，"无法得分的一个核心原因是'时间不够'"就是中心句，接下来的"技巧一"到"技巧三"是阐述解决"时间不够"的方法，而其中有关"骨头"与"肉"的比喻，则是进一步论述"技巧一"中的为什么要"紧盯中心句"。

一旦你掌握了拆解文章结构的方法，主抓"中心句"，略读"细节"，你阅读的速度就能立刻上一个台阶。

技巧二：锁定关键词。

不过，并不是所有的作者都会像我这样为了让你一下子就能找到中心句，特地用黑体把中心句标识出来。所以，你还需要学习如何利用关键词来定位中心句。

什么是关键词呢？它是一种提示，预示着接下来就要开始讲重点了。

比如《塞外的春天》中的一段话。

> 说到长城外边，古代的诗人们，常常想作永久的荒凉。"春风不度玉门关""春风疑不到天涯""三春那得桃杏花"，好像塞外是常冬常寒，除了飞沙飘雪以外，什么都没有。其实塞外自有动人的春天，也绮丽，也温馨，使人热辣辣、软绵绵，所看到听到的充满了生命的愉快欢欣。

这个选段一共 105 个字，但前面的 64 个字都在引入话题，真正的重点是从"其实"这个关键词开始的。所以，通过锁定诸如"其实""实际上""因此""然而""而且"等关键词，在阅读的时候用铅笔给这些词做个记号，就有利于快速把握文章脉络。

技巧三：学会预判。

什么是预判？其实就是假设自己是作者，思考写完这句话之后，接下来可能会写些什么。

还是同样的道理，能被选作阅读理解题的文章的作者很少会以"让读者读不懂"为乐，所以他们在写作的过程中，就会尽可能地按照读者的阅读习惯，有逻辑地呈现文字内容。

如果你读到某个地方，预判接下来作者准备引入一些细节描写或者用案例来支撑分论点了，那么一旦你核实了这些预判，你就如同主动参与到写作的过程中去了。细节也好，案例也罢，这些都是为中心句服务的。在遇到它们时，选择略读，那么你不仅可以提高阅读速度，还能获得掌控感和愉悦感。

作文如何快速提分

作文也有 3 个学会后马上就能投入使用的技巧。

技巧一：逻辑，结构清晰。

一篇好作文一定会考虑读者的阅读体验。你的读者是阅卷老师，阅卷老师要阅很多试卷，他如果很难短时间内把握你的作文结构，就自然给不了你较高的分数。

最常见的逻辑结构有总分总、总分、分总等，但这样的结构只能算中规中矩。**一篇好作文通常具备"凤头、猪肚、豹尾"，即开篇点题、中间详写、结尾扣题。**

具体怎么做呢？你可以看本节内容的结构安排：开篇第一段的最后一句话，是不是"开篇点题"？中间关于"阅读"与"写作"的部分是不是"中间详写"？结尾是否是"结尾扣题"？当你的作文也按照类似的结构来安排，结构部分的得分自然不会太低。

技巧二：立意，以小见大，富含人生哲理。

"立意"通常会比"逻辑"更难把握，但也并非完全无从下手。相对更容易拿分的作文立意是以小见大，富含人生哲理。

比如你写一篇有关爬山的作文，如果只是就事论事，写一篇记叙文，"我因克服惰性，坚持攀登，最后到达山顶"，难免显得平铺直叙，毫无亮点。但如果你能"以小见大"，在结尾处将人生哲理娓娓道来："人生也犹如登山，道路崎岖，布满荆棘；只有少数人能克服惰性，坚持攀登，抵达山顶，他们都看到了山顶最壮丽的景色！是的，难走的路，从不拥挤！"你看，最后一段将主题升华，作文立意是不是瞬间就深刻了？作文不再就事论事，上升到了有关人生价值的维度，阅卷老师眼前一亮，还会给你较低的分数吗？

技巧三：描写，犹如单反镜头。

用好逻辑和立意方面的技巧，你已经可以拿到一个较高的分数，如果能在描写上再进一步，则将获得更高的分数。

描写虽然是写作核心能力之一，离不开日积月累，但如果你能使用"单反镜头"式的写法，让作文有画面感，那么提升描写能力也并不算太困难。

还是以爬山为例，你如果写"同学们爬得都很累，但小明却还在努力坚持"，这样就非常普通，乏善可陈。但假如改写成："**同学们纷纷用双手撑住膝盖，气喘吁吁，移动的步伐越来越缓慢；反观小明，他蹲下来重新系了系鞋带，擦了擦汗，接着马上向带队老师追去……**"这样一来，阅卷老师就好像看到了同学们和小明爬山的情景，描写水平自然就"更上一层楼"了。

语文学习虽然需要长期积累，但在阅读和写作部分，掌握短期提分技巧其实并不难。

阅读理解：紧盯中心句、锁定关键词、学会预判。提升阅读速度，解决时间不够的问题。

作文：逻辑，结构清晰；立意，以小见大，富含人生哲理；描写，犹如单反镜头。提升阅卷老师的阅读体验，继而让老师忍不住给你高分。

数学：从拥有得满分的雄心开始

很多同学认为，学好数学需要天赋，但其实这些人的观点是失之偏颇的。

在数学这个学科上，不是因为有天赋所以学得好，而是因为有得满分的雄心，客观上投入了大量的时间，找到了有效的策略，训练出了对应的能力，最后才学得好。

要想学好数学，需要你从拥有得满分的雄心开始。

心态：不是我自己解决的我就输了

在正式开始本节的内容之前，我想请你先代入一个情景。

你们的数学老师正在讲台上讲一道有一定难度的题目，当老师把完整的题目写在黑板上后，他给你们1分钟的思考时间。

此时，你是会产生一种跃跃欲试的冲动，希望这1分钟过得慢些，自己赶紧想出正确答案，来体现自己优越的智力水平，还是会期盼这1分钟快点过去，待会儿听老师娓娓道来呢？

这种**一见到题目就高兴的心态**，恰恰能在客观上帮助一个学生产生解题的动力；继而他会逐渐拥有更优秀的数学成绩；接着，好成绩进一步激励他，使他拥有更强的解题动力；最后，他会进入数学越学越好的增强循环中。

当然，拥有以上心态是"果"，到底什么才是诱发这种心态的"因"呢？

我的答案是：每次总是设法独立完成挑战！

虽然数学"学霸"也必定有无法解答的题目，但"学霸"总是选择自己先去尝试一下。这就好比你做脑筋急转弯时一定不许别人提前说出答案，必定要自己先求解一番。

当然，现在的你未必有这种心态，但所谓心态，说到底是一种思维习惯，而思维习惯则是可以通过多次行动来养成的。只要你在一开始遇到题目时，有意识地鼓励自己先设法尝试，日积月累，这种思维习惯，也就是心态就会变成你的下意识行动。

只要你逐渐产生"这道题不是我自己解出来的就输了"的感觉，一种独立解决问题的能力就会在你身上显现，到那时，你就完成了拥有得满分的雄心的第一步。

3种训练，完成从弱势科目到优势科目的转变

心态是前置条件，有了前置条件之后，接下来就要开始训练了。训练的内容也并不复杂，我把它总结为逻辑训练、熟练性训练和防粗心训练3种。

第一种训练是逻辑训练。打个比方，如果现在问你123+194等于多少，太简单了对吗？但我想请你回忆一下，你在幼儿园时，会不会觉得它很难？但为什么你现在觉得简单呢？除了你的大脑发育得更成熟之外，还有一个特别重要的原因是：**你做过无数类似的题目，而且还做对了！这就是你在逻辑上掌握了某类题型！**

任何题目，你只要认识这类题型，知道这类题型要以怎样的逻辑解答，并且做对了，那么就可以说你掌握了这类题型。而很多数学"学霸"之所以是"学霸"，也是因为他见过的题型多，厘清逻辑的题型也多。

这里就引出一句话，叫作："未曾观世界，何来世界观？"

所以，逻辑训练的第一个技巧就是"遍历性"，想方设法把考纲涉及的所有题型都做一遍，从逻辑上都厘清一遍，这样你就和"学霸"站在了同一条起跑线上。

另外，不少同学明明已经厘清了逻辑，但做题时依旧会卡

壳，这是由于他们运用逻辑训练技巧的习惯不好，比如他们在解题时喜欢跳步骤等。要知道，人的大脑是处理器，不是存储器。你只有按部就班地把解题的过程一步步罗列清楚了，大脑才有更大的思维"带宽"引导你获得正确的答案，这也是逻辑训练的第二个技巧："条理性"。

第二种训练，则是熟练性训练。熟练性训练的核心是速度和准度。

先说速度。电影《教父》中有一句经典台词："花半秒钟就能看透事物本质的人和花一辈子都看不清事物本质的人，注定有截然不同的命运。"

套用到我们求解数学题上，"花几秒就能看透该题目属于什么题型的同学和花半分钟都看不懂题型的同学，注定得到截然不同的分数。"

如果你的速度足够快，每次考试有多余的时间多检查几遍，你的分数大概率会比做题慢腾腾，收卷时还在做最后一题的同学高很多。

再说准度。你有因为审题不准确，导致 A 类题型套用 B 类题型的解法去求解，最后发现解错或解不出来，只能重新解题的经历吗？

不少"学霸"都容易在审题环节出纰漏，更何况你现在还是个偏科的同学呢？事实上，看完一道题目花不了多少时间，与其把题匆忙审错，再事后返工把题做对，不如事前认真审题去"做对的题"。正所谓"慢慢来，比较快"，这句话用在审题上，也是同样的道理。

第三种训练是防粗心训练，这可能是你最头疼的。

粗心的本质是什么？我们需要分类讨论。

第一类，如果考试的时候不容易粗心，平时写作业的时候容易粗心，这是动机问题，是你不够重视造成的。这类问题比较容易解决，毕竟在考试时，你不太会和分数过不去。

第二类，无论考试还是平时写作业，都容易粗心，这种情况则是由于专注力不足。明明正在解题，注意力却跳到其他地方了，于是一不小心，就做错了题。专注力是一种能力，也需要训练。所以，要解决专注力的问题，你可以尝试舒尔特方格训练，你可以在平板电脑或者手机上下载一个舒尔特方格训练相关 App，每天训练 5 分钟，不出 1 个月，专注力就可以获得有效的提升。

数学学习的逆袭之路需要从拥有得满分的雄心开始。

　　通过有意识地提醒自己要设法独立解决问题，你可以逐步培养出"不是我自己解决的我就输了"的心态。

　　通过"遍历性"和"条理性"的逻辑训练，"速度"与"准度"的熟练性训练，"动机"与"专注"的防粗心训练，你也可以把原本的弱势科目逐步变成你的优势科目！

英语："结硬寨，打呆仗"，日拱一卒的提升策略

不少数学"学霸"都表示自己不喜欢英语，因为他们认为数学知识只要厘清逻辑就能掌握；但英语不一样，虽然根据国际音标可以拼读出单词，根据词根可以进行联想记忆，但不少单词自己明明认识，放在阅读材料里，却不知道它们是什么意思。

比如 address，你明明记得它是"地址"的意思，但放在具体的句子里，比如"Staff problems should be addressed through training."，这里的 address 竟然是个动词，你如果没背过，根本不知道原来它还能解释为"设法解决"。

所以，想要提高英语成绩，绝对不是一日之功，它需要你"结硬寨，打呆仗"，日拱一卒。

💡 如何背单词

在英语学习中，拉开人与人之间差距的第一个因素就是词汇量。然而，背单词是一件很无聊的事情，尤其当你拿着一本考纲词汇书背的时候，开篇一列全是 a 开头的单词，尤其是单词 abandon（放弃），一看就让人产生要放弃的打算。所以，为了抵御无聊，你需要为背单词制造趣味性场景，从而给自己带来正反馈和动力，继而在客观上激励自己，将更多时间花在背单词这件事情上。

那么，怎样才能让背单词既有趣味性，又高效呢？我给你介绍 2 个有趣的策略。

策略一：闯关法。

通常，我们需要背诵一篇英语课文尾部的单词表，无论是中译英还是英译中，它们都是按照一定顺序排列的。你可以用一只手捂住英文部分，看着中文来背单词。在具体背诵的过程中，从上到下有十几二十个单词，你可以把它们想象成十几二十个"关卡"。你可以像闯关一样，从第一关开始闯，一旦遇到背不出的单词，游戏就结束了，必须从头开始。

这是一个把背单词任务游戏化的策略，可以使背单词的过程像玩游戏。当然，你可能会想，如果这样玩，万一第一关的单词越来越熟悉，后面关卡的单词仍比较陌生，怎么办？那你可以倒过来，自下往上来闯关。当你像"赵云单骑救主"一样，从上到下，再从下到上，"七进七出"后，这篇课文的单词你还担心不熟悉吗？

策略二：工具法。

现在手机应用市场中有很多辅助我们背单词的软件，比如扇贝单词英语版、百词斩等，这些都是运用了艾宾浩斯记忆曲线的软件。下载软件后，你可以把自己需要背诵的单词从自定义入口输入软件，设定好每天需要背诵的新单词数量和复习的单词数量，用打卡的方式完成每天的背诵任务。

如何做英语阅读题

当你基本能看懂英语阅读材料后，英语阅读题的难度对你来说也会相应降低。但有一个现象是你必须了解的，那就是在一篇英语阅读材料中，必然会存在超纲的单词。遇到这种情况，怎么办？

遇到这种情况，先别慌，你可以采取下面两个策略。

策略一：以终为始。

做英语阅读题，表面上要求读懂材料，但你现在参加的是考试，考试的目的是拿分，如果阅读材料后面的题目和超纲单词没关系，你还去关心它干什么？请始终记住要以终为始，别因为几个不认识的单词乱了阵脚。

策略二：猜测含义。

如果题目内容是某个单词是什么意思或者作者想要表达什么，那么出题老师其实已经认定你大概率不认识该单词，人家考查的就是你结合上下文进行逻辑推理的能力。此时此刻，做语文阅读理解题的技巧也能在这里用上了，你还记得"锁定关键词"的技巧吗？在英语阅读材料中，however、but、therefore、in fact 等之后跟的大概率也是关键句，用铅笔把这些关键词圈出来，再结合问题，回到阅读材料中进行深度理解，你大概率就可以对题目形成正确的理解，选出正确的选项。

当然，英语阅读水平想要有进一步的提升，平时的阅读积累也非常重要。你可以选择你喜欢的英文原版小说来阅读，比如《哈利·波特》《福尔摩斯探案集》等，这样能大幅度提升你的语感，提高你的英语阅读水平。

如何写好英语作文

英语考试的作文和语文考试的作文完全不同，想要在英语作文上获得高分，你只需要记住一点：**平时多背范文。**

因为背诵的范文不论语法还是用词都有固定套路，在考试中不太容易出错丢分；而且背诵的范文大多词汇高级、句型精美、表达精准。

只要你大脑中的语料库里有足够多的范文，在考场上别人可能还在苦思冥想，慢慢腾腾自创一篇极有可能有漏洞的作文；而你却下笔如有神，快速地把大脑中合适的段落写在考卷上。如此一来，你不仅能在作文上获得高分，而且还有多余的时间去检查前面的内容。

英语是一个需要日积月累的学科。

为了让背单词不再枯燥无聊，你可以使用谐音法、闯关法，还可以利用"运用艾宾浩斯记忆曲线的软件"为自己助力。

在做英语阅读题时，你可以采用以终为始和猜测含义两个策略，提高拿分概率；平时还可以阅读感兴趣的英语原版小说，以提升自己的语感，提高自己的英语阅读水平。

最后，写好英语作文更不难，平时多背范文就是拿分的关键。

祝你通过"结硬寨，打呆仗"，日拱一卒，抢到英语考试中的每一分。

物理：成为"学霸"，你需要夯实这 3 种能力

在前面的内容里，我和你分享过我当初是如何从一个物理偏科生，逐渐成长为一个物理尖子生。当时，我误打误撞，使用了前馈学习法，这让我在学习物理的过程中不断地获得正反馈和自我效能感，从而越学越有劲儿。

这种充满学习动力的饱满状态当然是好的，但在此过程中，我也有不少反思：如果当初我能更有条理地夯实下面我要和你分享的这 3 种能力，我可能就有更多的时间和精力投入其他学科，获得总体更大的产出了。

第一种能力：针对基础型知识的记忆力

物理中有大量的基础型知识需要记忆，这些基础型知识

如果都是碎片化地、呈点状地装在你的脑袋里，则容易产生疏漏，进而会让你在遇到相关题目时丢分。

所以，针对基础型知识，你可以采用我们讲过的思维导图法，比如按照考纲对初中的机械运动、声现象、物态变化、光现象、质量与密度、力、浮力、简单机械、热和能等知识进行梳理。

梳理的过程本身就是一个运用费曼学习法从输入到输出的过程。当你能把这些物理基础型知识梳理到第三级目录，比如"功和机械能"为第一级，"功率"为第二级，P（功率）$=W$（功）$/t$（时间）的公式为第三级，那么你就能在记忆中留下一个完整的结构化知识图谱。每次你在考试中遇到物理基础型知识相关问题的时候，只需要从结构化知识图谱中调用相关信息，就能获得解题思路。

第二种能力：针对应用型知识的理解力

应用型知识是无法依靠死记硬背掌握的，它们的变化纷繁复杂，如果没有厘清其中的底层逻辑，题目的形式稍微发生一点变化，可能你就又不会了。比如电路问题、滑轮问题，都属此列。

针对应用型知识，有 4 个关键你需要特别注意。

第一，**所有的公式尽可能烂熟于胸**。比如：压强公式，$p=F/S$；液体压强公式，$p=\rho gh$；电功率计算公式，$P=UI=W/t$；等等。你要充分理解公式的含义，比如 $p=F/S$ 的含义是，压强与力成正比，与受力面积成反比；更要知道在不同题型下，需要调用公式的本体还是变体，才能得出题目的正确答案。

第二，**重视物理实验**。还记得学习金字塔吗？实践的知识留存率可以达到 75%。物理实验就是实践的路径之一。通过亲自进行或观察物理实验，比如自己动手做一遍完整的小孔成像实验，相应的规律就不再只是书本里等着你背诵的内容，因为有了这种直观的体验，你就更容易记住不同像距下的像的性质了。

第三，**利用图示法来解题**。就像我们之前强调过的：大脑是处理器，不是存储器。你只有通过阅读题目里的已知情况，把力学中的受力分析图示、光学中的光路图和电学中的电路图在草稿纸上画出来，才能按图索骥，有条理地一步步解题，获得正确的结果。是的，慢慢来，比较快。

第四，**不断更新你的改错笔记，将每种题型逐渐拿下**。物理学得较差的同学各有各的不足，而物理学得好的同学则都善于总结，而总结的利器正是我们介绍过的改错笔记法。按照你在梳理基础型知识时绘制的思维导图，你可以把不同的错题归类到不同的板块中。一段时间后，当你发现某个板块的错题特别多，你就能很容易地发现自己的薄弱环节（学习区）到底在哪里。此时，有针对性地"刷题"就可以开始密集安排起来了。

第三种能力：针对复杂题型的深度思考力

深度思考并不是一件容易的事情，甚至很多成年人都不一定具备深度思考力。在物理考试中，考卷的末尾通常会设置一道具有相当难度的压轴题。

这道压轴题通常会组合多个知识点，或者有十分复杂的变量。比如在一道题目的图示中，同时出现滑轮模块与浮力模块；又或者在电学模块中存在可变电阻，要求电阻的最大值和最小值。压轴题灵活多变，主要考查学生对复杂问题的深度思考力。

不过，压轴题通常会分为 2~3 个小题，你答对 1 个小题，就可以拿到相应的分数。所以，有些同学可能会选择只做第一小题，"战略性"地放弃压轴题中更难的第二小题或第三小题，把更多的时间放在检查前面的题目上。

当然，如果你想要得到压轴题的全部分数也未必没有方法。

方法一：名师指路。

如果你身处一所重点学校，或者你能自己联系到一位优秀的物理老师，那么有他的赋能，你可以少走不少弯路。

方法二：遍历"无数"。

很多同学的身边没有优秀的物理老师，怎么办？没关系，你也可以运用我们之前说过的"遍历性"逻辑训练技巧，找到历年真题及其答案详解仔细地进行研读。这种自己研读的效果甚至比你听优秀老师给你讲解的效果更好。因为老师给你讲明白，是老师比较厉害；而你自己研读答案详解，跟着它的思路走一遍，就相当于自己完成了一次深度思考练习。当量变引起质变后，你就会变得厉害。

方法三：同学互助。

一个人的力量是有限的，所以你可以设法和同样想要在物理上拔尖的几个同学组成学习小组，每个人找到并弄懂一道物理压轴题，然后轮流向别人讲解自己的解题思路。这样一个学期下来，你们这个小组的成员可能都会成为整个年级物理成绩靠前的小"学霸"。

学好物理的动机很重要，夯实 3 种"学霸"能力更重要。

通过梳理结构化知识图谱，巩固对基础型知识的记忆力。

通过背熟公式、重视物理实验、利用图示法、更新改错笔记，不断提升对应用型知识的理解力。

通过名师指路、遍历无数、同学互助 3 种方法，设法拿下压轴题，锻炼对复杂题型的深度思考力。

做到这些，你也必将成为物理"学霸"！

化学：过好这 3 关，让它成为你的优势科目

化学一般都是从九年级开始学习的，而九年级是初中阶段的最后一年，因此，化学这个学科的学习对于绝大多数学生来说是比较公平的，因为大家都站在同一起跑线上。

那如何才能防止化学成为自己的弱势科目？怎样才能让自己在考试中拿到高分，让化学成为自己的优势科目呢？你需要通过 3 关。

第一关：元素关

这个世界是由各种不同的元素组成的，因此，掌握元素相关知识是学习化学这个学科的基础，也是具有一定难度的关卡。这里的难度主要体现在 3 个方面。

首先，是元素名称。由于前 20 个元素的名称要求按照元素

周期表的顺序背诵，而且它们还没什么规律，所以，背诵前20个元素名称将是你遇到的第一个小挑战。此时，**故事谐音记忆法可能就是帮你记住它们的良好策略。**比如我曾见过一个故事谐音版本是这样的。

从前有一片海，叫秦海，里面生长着一种鲤鱼，它的皮会膨胀。如果用它炖汤，人们会感叹汤很淡，尽管它的营养丰富程度堪比牛奶。秦海附近的美女们有两个偏好，一个是喜欢桂林，另一个是留着绿色的牙齿来夹住喝汤的盖子。

故事虽然很荒诞，但最后能浓缩成20个字：

秦海鲤皮膨，叹淡养富奶；那美女桂林，留绿牙夹盖。

它们分别对应着前20个元素的名称：
氢氦锂铍硼，碳氮氧氟氖；钠镁铝硅磷，硫氯氩钾钙。
通过一个荒诞但形象生动的故事，再运用谐音记忆法，你就能按照顺序记住枯燥且没有规律的元素名称。

其次，是元素符号。很多人以为元素符号是元素英文名的缩写，事实并非如此。比如钠元素的英文名是 Sodium，但元素符号却是 Na，这是从拉丁名 Natrium 而来的。而且考纲规定的对于元素符号的考查范围可不止前 20 个。20 位开外的元素，比如银（Ag）、铜（Cu）、铁（Fe）等，也都需要你通过反复熟悉而牢记。

最后，是常见化合价。化合价是元素的一种重要性质，它只有在元素与其他元素化合时才会表现出来。比如氯化钠（NaCl），Na 是 +1 价，而 Cl 则是 −1 价。这里的难点在于，有些元素不是统一价。比如铁（Fe）有时候是 +2 价（FeO），有时则是 +3 价（$FeCl_3$）；氮（N）有时是 +4 价（NO_2），有时是 +5 价（HNO_3），而有时则是 −3 价（NH_3）。因此，化合价也是你需要在理解的基础上记忆的关键内容。

元素关是你在学习化学这个学科刚开始时就遇到的一道难关。通过使用故事谐音记忆法以及上文中应用的，争取做到"五星通关"，你就能获得更强的自我效能感，从而更有信心去挑战后面的关卡。

💡 第二关：化学方程式关

化学方程式是化学这个学科有别于其他学科的独特内容，也是学好化学的重中之重。因此，牢记化学方程式，通过化学方程式关，我们也需要有效的策略。

策略一：实验联想策略。

就像我们一直强调的，学习金字塔下侧的主动学习的知识留存率会更高。化学实验属于实践的一种路径，其对应的知识留存率高达75%。所以，通过化学实验来记忆相关的化学方程式就是行之有效的策略。比如在经典的一氧化碳还原氧化铜实验中，可以观察到黑色固体变成了红色，澄清的石灰水变得混浊了，末端导管处产生了蓝色的火焰。这些实验现象都能帮助我们在理解的基础上记住该化学方程式。

策略二：薄弱环节 + 西蒙学习法。

你还记得西蒙学习法的16字"真言"吗？"凿透一点，设定目标、拆分问题、集中力量"，对，学习化学方程式的第二个策略就是结合西蒙学习法，实现一次攻克一个元素的相关化学方程式的学习目标。

举例来说，如果关于铜（Cu）的化学方程式是你的薄弱环节（凿透一点），你就可以给自己定一个一周内完全熟悉相关化学方程式的目标（设定目标），并将全部罗列出的化学方程式分为 4 组，前 4 天每天记忆 1 组，最后 1 天进行总复习（拆分问题），这些任务都可以安排在每天 19:00—19:30 的固定时间集中完成（集中力量）。

除了某种单一元素，其他关于硫酸（H_2SO_4）、氢氧化钠（NaOH）等化合物的内容，只要它是你的薄弱环节，你都可以结合西蒙学习法来实现高效记忆，从而通过化学方程式关。

第三关：积累关

化学虽然被归在理科，但需要记忆的内容特别多。所以，只有更结构化地在理解的基础上记忆，并且在考试前抓大放小地回顾，你才能拿到更高的分数。

所以，在积累关，你可以使用下面这 3 种方法。

第一，结合思维导图法。在复习时，你可以把每一课的知识点用思维导图的方式结构化，也可以以某个知识点为中心，将与该知识点相关的内容归纳绘制成思维导图。通过绘制一张又一张的思维导图，你可以实现对化学各知识点的积累。

第二，结合改错笔记法。每次做完作业或考试后，你都可以把做错的化学题、用错的化学方程式分门别类地利用康奈尔笔记法,抄写在你的化学改错笔记中,时不时拿出来复习,并标记好自己的掌握程度,让自己曾经做错的题不再错第二次,继而逐渐提高分数。

第三,结合二八"刷题"法,"刷"真题。越是临近考试,就越要"刷"真题。因为真题就是历年的考试题目,其难度波动相对较小,反映的情况也更真实。当你能通过反复"刷"真题,逐渐消灭标记为"S"和"A"的化学题,并能把近 5 年的真题全都做对 95% 以上时,面对考试,你就能多一分从容。

学好化学并不难,过好 3 关是关键。

元素关:利用故事谐音记忆法按顺序记住元素名称,运用前馈学习法记住元素符号和化合价。

化学方程式关:使用实验联想策略与薄弱环节 + 西蒙学习法帮助记忆。

积累关:结合思维导图法、改错笔记法和二八"刷题"法完成高效记忆。

这样一来,化学就很可能成为你的优势科目。

生物：一本笔记，让自己名列前茅

一般来说，你安排在生物这个学科上的时间和精力不会太多。那么，如何只投入少量时间和精力，就获得足够多的产出呢？本节会给出解决方案。

一本笔记，叠加四次做功

很多同学抱怨，生物这个学科的内容又多又杂，全都是碎片化知识点，而且这些知识点这次好不容易熟悉了，但隔一段时间就又忘记了，这令他们十分头痛。

但反观那些生物考试成绩名列前茅的同学，他们好像也并没有在课余时间花费过多的力气，但考出的成绩却又不得不令人服气。他们到底是怎么做到的呢？

如果你仔细观察会发现，这些生物尖子生中的不少人都有一本"秘密笔记"，这本笔记结构化地记录了生物学科中大量的核心知识点。你随便翻到一页，询问他某个知识点，他就能立刻说出该知识点的具体细节。

当然，生物尖子生的这种能力是"果"，他们如何用好这本笔记则是"因"。事实上，在逐渐形成这本笔记的过程中，生物尖子生通常会做四次功，这四次功分别针对预习笔记、听课笔记、复习笔记和总结笔记。下面，我就来给你一一拆解。

第一次做功：预习笔记

现在的生物课本都还是比较有趣的，你在预习阶段完全可以把它当成一本科普图书来阅读。但和阅读普通科普图书不同的是：你需要结合我们之前讲过的 SQ3R 阅读法，特别留意课本里的引言和总结、章节标题与次级标题、特别标注的内容（粗 / 黑 / 斜体等）以及直观展示的特别内容（图片、图标等）。如果对这些内容有任何疑问，则要把问题尽可能简单明了地记录在你的预习笔记本（活页本）上，完成第一次做功。

本次做功，需要你在第二天有生物课的情况下，当晚就抽出 10~15 分钟的时间来完成；如果当晚时间实在不允许，安排在生物课当天早晨完成也可以。其目的主要是让你在正式听课时将注意力集中在问题上，通过带着问题听课学习，更好地吸收对你来说可能有难度的知识点。

第二次做功：听课笔记

如果你对改错笔记法还有印象，可以尝试回忆一下康奈尔笔记法。在做听课笔记时，康奈尔笔记法就能很好地帮助你。你可以把在课堂上学到的知识点记录在提示栏里，并在笔记内容区中记录该知识点的详细信息，同时在概要区为总结笔记留好空间。

此外，值得注意的是，在做听课笔记时，为了方便后面复

习，请尽可能做到结构化记录。比如在听到老师讲解"植物细胞的结构"时，可以把"植物细胞的结构"这 7 个字写在提示栏里，然后将以下内容写在笔记内容区。

细胞壁：保护、支持细胞。

细胞膜：将细胞与外界环境分隔开、控制物质进出细胞、进行细胞间的信息交流。

细胞质：细胞内除核区外的物质的总称。

细胞核：遗传信息库、细胞代谢和遗传的控制中心。

一次听课结束后，你的笔记上应该可以留下几个到十几个结构化知识点，这些留存的笔记内容将构成你复习时的知识库。

第三次做功：复习笔记

怎么复习？如何做复习笔记？非常简单！复习时，你只需要打开活页本，用手遮住笔记内容区的内容，仅盯着提示栏的知识点就可以了。看一眼知识点的名称，比如"植物细胞的结构"，测试自己是否能把具体的细节回忆出来。

如果可以回忆出来，就在提示栏中该知识点的下方用铅笔写上"B"；如果有些生疏，则写上"A"；如果实在想不起来，可以写上"S"。标记之后，对标记为"S"与"A"的知识点重新进行熟悉和背诵。

第四次做功：总结笔记

总结笔记主要分为两个部分。

首先是针对笔记左侧提示栏的总结。秉持着"今日事，今日毕"的原则，你可以对一次生物课结束后的提示栏内容做一次总结，以形成概要区的内容。比如"植物细胞的结构"可以归纳在"细胞与生物"的大章节下。

同时，对章节内容的学习情况进行打分。比如出现一次"S"记 -2 分，出现一次"A"记 -1 分，把总分写进概要区，以快速地了解自己对该章节内容的掌握程度。

其次是针对笔记下侧概要区的总结。概要区的内容相当于生物这个学科的思维导图的二级目录。它是自下而上，从细节到大纲，从微观到宏观，逐步整理而成的。

类似地，把概要区的总分登记到思维导图中大章节名的后方，以方便自己从更宏观的角度了解对各大章节内容的掌握程度。

示例如下。

———细胞与生物（大章节）：-9分。

———光合作用和呼吸作用：-5分。

———免疫和传染病：0分。

———遗传和变异：-11分。

…………

（其中分数越低，表示掌握程度越低；0分表示全部掌握。）

这一页可以放置在活页本的第一页，同时，你在每一次对某一大章节进行复习后，就更新分数。这样一来，碎片化的知识点就随着你的每次记录和复习，逐步变成了一棵结构化的知识树。

生物这一学科的知识点的确很多，但你可以使用一本笔记、四次做功的策略，逐步形成结构化的知识树。

第一次做功，预习笔记：提前找到自己难以理解的问题，在上课时有针对性地听课，获得解答。

第二次做功，听课笔记：使用康奈尔笔记法形成"知识点：详细信息"结构，构建知识库。

第三次做功，复习笔记：就熟悉程度给知识点做标记，并重新熟悉标记为"S"与"A"的知识点。

第四次做功，总结笔记：对大章节内容的掌握程度打分，自下而上整理形成思维导图。根据每次的复习情况调整分数，最终把碎片化的知识点结构化为可以用来实时了解自己对知识的掌握程度的知识树。

历史：用好点线面体，令写正确答案成为肌肉记忆

有不少同学很疑惑，为什么自己背过的历史知识几乎都没考，而历史试卷涉及的知识自己却仿佛从来都没背到过，这是怎么回事？历史简直太难了！

事实上，想要学好历史、拿到高分一点也不难，你只需要根据点、线、面、体这四大维度，进行持续梳理，持续练习。这样，写正确答案就会成为肌肉记忆。

维度一：点状知识切入，培养对历史的兴趣

什么是点状知识？它是指历史课本里出现的某些具有代表性的关键知识，主要包括：在什么时间区间？发生了什么重要历史事件？有哪些重要人物主导或参与？他们做出了什么重要

行动？有何历史意义？

　　例如，公元前 209 年，陈胜、吴广在大泽乡起义，这是我国历史上第一次大规模的农民起义。他们的精神，鼓舞了后世千百万劳动人民起来反抗残暴的统治。

　　这些点状知识如果只是孤立来看，是比较枯燥的，不过，你可以通过阅读历史类书籍、观看相关纪录片等方式了解这些历史人物和事件，以便进行更深入的探究，从而培养自己对历史的兴趣。

　　比如，我在学生时代就对历史上的三国时期特别感兴趣，虽然整个三国时期在漫漫的历史长河中只是一小段，而且历史考试时也主要考"官渡之战""赤壁之战"等著名战役的内容，但正是这种"以点切入"的方法，吸引我去阅读了罗贯中的《三国演义》、陈寿的《三国志》等书籍，收看了 1994 年版的电视剧《三国演义》。这些内容的输入，客观上让我不再觉得历史是一个枯燥的学科，让我在上历史课时精神饱满，助推了我对其他历史点状知识的积极学习和吸收。

维度二：连点成线，用逻辑厘清历史脉络

点，可以串联成线。线状知识的本质是用历史事件或孤立重点之间存在的因果联系来串联考点。可以看下面的历史事件。

历史事件一，隋朝的建立与统一。

公元 581 年，北周外戚杨坚建立隋朝，定都大兴（今西安）。杨坚就是隋文帝，于公元 589 年灭陈，统一南北。

统一南北后，隋文帝的儿子隋炀帝杨广觉得南北方的交通非常不便利，于是下令开凿大运河。

历史事件二，开凿大运河。

1. 目的：便利南北方交通，巩固对全国的统治。

2. 开通：从公元 605 年开始，隋炀帝杨广征发百万民工开凿大运河。大运河以洛阳为中心，北至涿郡，南抵余杭，分为永济渠、通济渠、邗沟、江南河四段，沟通了海河、黄河、淮河、长

江、钱塘江五大水系。

　　3.意义：加强了南北政治、经济和文化的
交流。

但越大的项目，花的钱越多，征用的劳动力越多，所以：

历史事件三，隋朝灭亡。

　　由于隋炀帝的暴政［大兴土木，开凿大运河、
营建东都（今洛阳）；三游江都（今属扬州）；
三征高丽］，各地起义不断，公元618年，隋炀
帝在江都被部将所杀，隋朝灭亡。

你看，3个历史事件如果分开来看，都只是孤立的点状知
识，但它们实际是有因果联系的。当你能通过因果联系，把点
连成线，将时代、事件和人物充分联系起来，那么历史的发展
脉络也就容易被你熟记在心，当试卷上出现这段历史的相关题
目时，你答题自然就游刃有余。

维度三：连线成面，"合纵连横"

当你已经能够连点成线后，下一步你就可以连线成面了。在这个步骤中，康奈尔笔记法就又可以登场了。

但这次有所不同的是：提示栏里主要写年份；而笔记内容区里写这一年发生了什么历史事件或者老师特别提醒过有关这一年的重要考点；概要区里的内容则为某个时代、时期或者朝代。

如此一来，上到夏商周，下到抗日战争时期，你的活页本就变成了一本"读薄了的历史书"。接下来，你既可以按照"S""A""B"3个等级评估自己对某个点状知识的掌握程度，也可以把后来发现被遗漏但重要的部分添加进活页本，构成专属于自己的"历史知识长河"。

维度四：接面为体，将历史知识内化为肌肉记忆

体，是由前面所有的点、线、面交织在一起构成的一个整体。当你在彻底理解的基础上背下这些知识，从历史事件中找到规律、总结出历史发展的必然趋势，形成了历史思维，那么，这些历史知识就可以被你内化为肌肉记忆，你在试卷上一看到相关问题，就会产生下意识的反应。

当然，为了实现这个目标，有两个小技巧是可以帮助你事半功倍的。

技巧一：把你总是记不住的内容录制成音频，晚上睡觉前收听。 研究发现，人们在一天当中记忆力最好的时间段有两个，一个是早晨起床后一小时左右，另一个是晚上睡觉前一小时左右。早晨的时间可以贡献给英语单词，而睡前的时间用来收听自己录制的历史内容就再合适不过了。

技巧二：下载一个"刷题"App，如猿题库等，随时随地

"刷题"。对"刷"完发现自己没有掌握的题目，可以把它们和自己的笔记做对照，这样一方面可以查漏补缺，另一方面可以加深对点状知识的记忆。

历史提分并不难，用好点、线、面、体是核心。

点：点状知识切入，培养对历史的兴趣。

线：连点成线，用逻辑厘清历史脉络。

面：连线成面，"合纵连横"。

体：接面为体，将历史知识内化为肌肉记忆。

地理：这样践行记忆 3 步法，你也能得满分

　　地理这个学科，是我在学生时代经常得满分的学科。很多同学单纯地期望通过简单反复的背诵来学习地理，这样做，非常容易适得其反。

　　所以，如果你一不小心在地理这个学科中发生了偏科现象，但又非常渴望逆袭为地理"单科王"，那么，践行记忆 3 步法，你将更快地达成心愿。

步骤一：结合地图，将学到的知识放在地图中进行记忆

　　地理和其他学科最大的差异在于，地理与地图是分不开的。通过与地图的结合，你不仅可以非常直观地在头脑中建立对相关知识的深刻印象，而且还能在充满细节的地图上进行探

索，在地图中徜徉，发现学习地理的乐趣，从而培养自己对地理的兴趣，设法启动自证预言。

如此一来，别人学习地理可能感觉重复耗时，枯燥无味，但对你来说，学习地理却仿佛是一场游戏，一场发现之旅。当然，为了考出好成绩，在结合地图的过程中，你可以将学到的知识放在地图中进行至少3种类型的记忆。

第一类，山川河海、国家与地区。在世界地图上，你能通过知识与地图的结合，迅速找到七大洲和四大洋的位置，定位连接太平洋和大西洋的巴拿马运河，理解板块构造学说中火山、地震带分布与板块运动的关系，等等；在中国地图上，你也能很快地熟悉中国23个省、5个自治区、4个直辖市、2个特别行政区的位置，顺便记忆它们的简称。

第二类，各种"世界之最"。很多同学把诸如"世界上最高的山峰——珠穆朗玛峰""世界上流量最大的河流——亚马孙河""世界上最大的沙漠——撒哈拉沙漠"等抄在自己的笔记本上死记硬背。试问，这种原始的记忆方式哪能比结合地图来记忆更直观、更高效？

当你能在地图上找到"世界上最大的咸水湖——里海"，当你能快速地指出"世界上面积最大的淡水湖——苏必利尔湖""世界上面积最大的冲积平原——亚马孙平原"在哪里，这类在地图上寻找各种"世界之最"的复习甚至还能变成你和同学、父母一起进行的一场游戏，真正地寓教于乐。

第三类，记忆地区特点与经济发展格局。纯文字的笔记同样不适合用来记忆复杂的地区特点与经济发展格局。而结合地图，就能帮助你直观地记住我国四大高原（青藏高原、黄土高原、云贵高原、内蒙古高原）、三大平原（东北平原、华北平原、长江中下游平原）和四大盆地（塔里木盆地、准噶尔盆地、柴达木盆地、四川盆地）等的具体位置，各交通运输线、交通枢纽以及各产业带的空间分布。

而且随着科技的发展，现在你还可以通过百度地图、高德地图等工具，进一步探索你想要了解的国家、地区和城市的详细信息。

步骤二：借鉴前人，将"必知必会"的考点利用前辈经验进行记忆

牛顿曾说："我有所成就更多是因为站在了前人的肩膀上。"现在，对你来说，你也可以设法以前辈经验为基础，更高效地利用记忆工具，理解和背诵地理中"必知必会"的考点。

首先是必背口诀。口诀朗朗上口，更符合我们大脑的记忆

特征。

比如，世界主要资源分布的口诀。

世界重要三矿产，煤铁石油是重点。

俄巴中澳印加美，七国铁矿储量大。

亚欧大陆和北美，煤矿分布也不差。

石油分布很集中，一半以上在中东。

又如，世界上人口超亿的十国名称的口诀。

南极大洋均无他，人口超亿十国家。

中美两印俄两巴，日尼外加孟加拉。

这种类型的口诀有很多，但是请注意，别看到好的口诀就把它摘抄下来，这样你会背不过来。要找那些你自己反复记忆都很难记住的内容，然后再利用符合记忆特征的口诀，辅助记忆。

其次是必考知识点总结。网上有很多已经毕业的"学霸"师兄师姐热情地把他们曾经做过知识梳理的笔记分享给自己的学弟学妹。这类笔记是非常有价值的。

比如，世界各语言的主要分布国家和地区的笔记。

汉语：除中国以外，还分布在新加坡和马来西亚等地。

英语：欧洲的西部、北美洲、亚洲的南部。

俄语：俄罗斯和独联体的其他许多国家。

法语：法国、非洲的中部和西部的许多国家。

西班牙语：西班牙和拉丁美洲的许多国家。

阿拉伯语：西亚和北非的许多国家。

不过，在接受这些来自前辈的"知识馈赠"时，我建议你不要照抄，而是把它们按照一定的规律，结构化地纳入自己的知识体系。具体要怎么做呢？现在地理版的康奈尔笔记法又该登场了。

步骤三：抓住重点，利用康奈尔笔记法进行反复记忆

老规矩，先把考纲上的重点、老师上课时提到的重点、结合地图一起记忆的重点以及"学霸"师兄师姐分享的重点按照

一定的逻辑，在理解的基础上记录在你的活页本上。

然后，就像打磨其他学科的笔记一般，逐步把这本活页本打磨成又一本"读薄了的地理书"，仍旧按照"S""A""B"3个等级评估自己对各知识点的掌握情况，在遇到记忆困难的知识点时，再利用地图和口诀反复记忆。如此一来，一套完整的地理学科知识体系就被你构建完毕了。

要想解决地理偏科的问题，在该学科上实现逆袭，请这样践行记忆3步法。

步骤一：结合地图，将学到的知识放在地图中进行记忆。

步骤二：借鉴前人，将"必知必会"的考点利用前辈经验进行记忆。

步骤三：抓住重点，利用康奈尔笔记法进行反复记忆。

祝你在地理这个有趣的学科上早日拿到满分。

简单有效的考场策略

助你从容应对考试

减压策略：这样调整，让自己以最佳状态走进考场

我还清楚地记得，我在高考首日的前一夜失眠了。

后来，我才了解到，失眠的原来不止我一个人，而且，我的这种临考压力表现还只是初级水平。当时，我身边有不少平时成绩和我差不多的同学坦言，他们在考场上头脑一片空白，有些人连手都控制不住地发抖。他们中为数不少的人连本科分数线都没过，甚至还有人由于考砸，不得不选择复读一年。

是的，临考压力也是你必须迈过的一道坎，真正的高手"每临大事有静气"。多年寒窗苦读，在走进考场前，必须避免这些非知识类的场外因素影响你最终的成绩。所以这一节，我希望和你分享4种方法，来帮助你减压，让你届时以最佳状态走进考场。

💡 饮食减压

有研究表明，食物有直接降低人的压力水平的作用。

比如香蕉，它不仅含有丰富的钾元素，能有效改善心肌的舒张状态，控制血压水平，而且还富含维生素 B_6，这种维生素可以帮助身体制造血红蛋白和神经传导物质，有助于降低人的焦虑水平。

又如橙子、番茄等富含维生素 C 的瓜果蔬菜也能有效缓解压力。因为维生素 C 是一种抗氧化剂，能保护身体免受自由基的伤害。自由基是一种会损伤身体细胞的有害物质，而压力则是促进自由基生成的因素之一。因此，补充维生素 C 有助于减轻压力所带来的身体负担和不适。与此同时，维生素 C 还可以帮助身体产生肾上腺素，应对压力。

黑巧克力也是一种常见且能缓解压力的食品。黑巧克力中的可可含有丰富的多酚类化合物，这些物质可以促进身体释放内啡肽，从而减轻压力和焦虑。

所以，在感觉压力大的时候，或者在走进考场前，吃一根香蕉、一个橙子、一个番茄或者一块黑巧克力，都有助于你平缓情绪，减轻压力。

运动减压

运动也是一种非常有效的减压方法。因为人们在运动时，注意力主要集中在身体上，这会使人们暂时忘记给自己制造压力的刺激源；而且，运动还能促进内啡肽的分泌，这不仅能减轻压力，而且还有助于记忆力水平和学习效率的提升。

比较适合学生的运动通常有3种，它们分别是跳绳、快走和慢跑。其中跳绳不太容易受到场地的限制，在小区里、阳台上，甚至大一点的客厅里就能进行。而且跳绳能很快地提高心率，让人快速进入运动状态，非常适合在复习过程中感到疲劳的时候进行。快走和慢跑则对场地的要求比较高，更适合每天花20分钟在小区中进行。如果一个人去快走、慢跑会感到孤独，可以邀请你的父母和你一起，这对他们来说也能起到锻炼身体的作用，他们一定会答应你的。

运动不仅能将你的压力控制在较低的水平，而且还有促进生长发育的功效。

泡脚减压

我们的脚部由于与心脏的距离最远，因此血液循环状况相对较差。尤其当你长时间坐在书桌前复习，脚部的血液循环状况会变得更差。

所以，你需要通过睡前泡脚的方式改善脚部血液循环。泡脚的过程中，脚部的血液循环状况得到改善，在脚部肌肉得到放松的同时，你也能感到全身都很放松。

而且，泡脚也有促进内啡肽分泌的作用。因此，如果你能每天晚上睡觉前花 5~10 分钟泡一下脚，不仅可以让身心放松，而且还能进一步减轻压力。

睡前放松练习

最后说一下睡前放松练习，这是一个我特别想教给学生时代的我的技能。因为一旦习得睡前放松练习的方法，你就有很大的概率在进行该练习后的 20 分钟内入睡。

我们之所以会失眠，多半是因为睡前我们的大脑中总会冒出各种各样的念头。这些念头一个接一个地冲击着我们的思绪，客观上让大脑越来越兴奋。于是，哪怕周围一片漆黑，哪怕四周万籁俱寂，我们都可能无法安然入眠。

此时，你就需要使用睡前放松练习来进行干预了。干预一共分为 3 个步骤。

第一步：扫描身体。

从额头、脸颊、鼻翼、嘴唇、下巴、颈部、肩膀、胸口、腹部、胯部、大腿、膝盖、小腿到脚部，依次感受肌肉的放松。总共扫描 3 次，每扫描完 1 次，做 1 次深呼吸。

第二步：想象正在下楼梯。

想象自己正在下楼梯，楼梯 1 层为 10 个台阶，每走 3 步，就告诉自己在走到第十步的时候，整个身体会更放松。总共下 3 层楼梯，每走完 1 层，做 1 次深呼吸。

第三步：想象沐浴在阳光中。

当你走完最后一层的最后一个台阶后，想象自己飘浮在空中，完全沐浴在阳光中。同时，告诉自己，每一次呼吸，吸入的是能量，呼出的是浊气；每一次呼吸，都能让整个身体更放松。

整个过程不到 20 分钟。

通常，我在 3 个步骤中的第二步就会入眠，有时也会在第三步持续几分钟后睡着。其中的原理主要是刻意控制了自己的注意力，并且还设计了身体各部位和整体的放松环节，有助于让身心放松下来，快速入眠。

为了以最佳状态走进考场，你可以从 4 个方面来给自己减压。

1. 饮食减压：香蕉、富含维生素 C 的瓜果蔬菜、黑巧克力。

2. 运动减压：跳绳、快走、慢跑。

3. 泡脚减压：睡前花 5~10 分钟泡脚。

4. 睡前放松练习：扫描身体、想象正在下楼梯、想象沐浴在阳光中。

祝你以最佳状态走进考场！

时间策略：怎样才能在考场上精准把控时间

考试不仅考查你对知识的掌握程度，而且还考查你对时间资源的分配能力。很多同学由于时间分配不当，导致明明会做、能得分的题目没时间做，明明简单检查一下就可以发现的错误没有被发现。这种由时间把控不当造成的失分情况着实让人感觉可惜。

在走进考场后，你可以通过精准把控考试初期、考试中期、考试后期这3个阶段的时间，让自己在对时间资源的分配上游刃有余，并且用多出来的时间"抢到"分数。

考试初期

很多同学由于没有策略性思维，因此总是一拿到考卷就开始"唰唰"做题，一头扎到细节当中。这种分秒必争的精神是好的，但有一句话叫作："不要用战术上的勤奋，掩盖战略上的懒惰。"

通常一个考试高手在拿到考卷后的第一件事情并不是马上开始做题，而是先花 2~3 分钟为这次考试制定一个战略。

比如这次是语文考试，那么先看一眼作文题就会对你非常有利。因为当你获悉了作文题后，你在做前面的题目的过程中，你的大脑就会自动构思作文。当你正式开始写作时，你会发现自己的思路通畅，写作速度也更快了。而且，在做阅读理解题的时候，由于你已经提前被"剧透"了作文题，阅读理解题中的一些案例甚至都能拿来为最后的作文服务。

如果这是一次数学考试，那么先整体把握整张考卷就更重要了。因为数学考试中最后几道题目都是有相当难度的，其难度也是逐渐增加的。我们说："战略战略，重在略；略就是省略，省略就是放弃。"当你有了这种"知进退，懂放弃""有舍就有得"的思想后，难题并不是非做不可的认识就会深入你心。因为与其浪费 15 分钟，把时间花在自己必定做不出来的题目上，还不如把这 15 分钟留给其他题目，这样一方面可以确保基础题型的正确率，另一方面也可以留出一定时间去尝试解较难的题目。而这一切的安排，则都是在考试初期就要完成的。

更何况，一些地区的考试本来就有"前 5 分钟可以看题，不能答题"的要求，如果你能利用好这 5 分钟，做好这场考试的战略规划，那么这个好的开始已经让你赢了一半了。

💡 考试中期

考试中期有 3 个技巧。

第一，审题一定要慢。我们说"慢就是快"，这听上去好像很不符合逻辑，但是事实上，"慢"可以让你"做正确的事"。为什么？因为做一道题目最大的时间浪费不是写字写得慢，而是"返工"。如果你审题太快，瞟一眼题目就误以为这是你过往做过的某类题型，或者把"以下哪个选项没有"看成了"以下哪个选项有"，那么你要么会由于审错题而失分，要么会在检查时发现问题，被迫"返工"。如此一来，不仅会让卷面变得不怎么整洁，而且还会浪费你的大量时间。

第二，别跳步骤，别跳步骤，别跳步骤，重要的事情说 3 遍。有些聪明的同学喜欢跳步骤，从步骤二一下跳到步骤四。这看似节约了书写步骤三的时间，但不仅让你犯错的概率大增，而且还给后面的检查工作增加了难度。

第三，遇到思考 2 分钟还没有思路的题目，先跳过。遇到一时想不出解法的题目是很正常的，请务必学会接受这种情况，因为当你被这道题目卡住时，同样在做这张考卷的其他同学也会遇到一样的问题。但这个时候，如果你能做出正确的反应，你就比其他同学更胜一筹。如果这道题目是选择题，你可以先盲猜一个最有可能的答案，然后用铅笔做个记号；如果这是一道问答题，那就先空着，等其他题目做完后再回过头来思考，这种做法不失为明智之举。

考试后期

在考试大概还剩 1/4 的时间时，请务必根据实际情况重新规划一下自己的时间。这里会有 3 种情况。

第一种情况：进度提前了，最后几道难题也基本解决了。 此时，请先平复一下骄傲的心情，也别学电视剧里的"学霸"，做完就提前交卷。因为这种做法虽然能让你获得优越感，但要知道：**弱者才痴迷于爽感，而强者则宠辱不惊。** 既然时间多出来了，这就意味着考卷的整体难度可能相对偏低，竞争也会更激烈。这种情形下，哪怕 1~2 分的缺失，也能拉开人与人之间的差距。所以，写完剩下的题目后，再仔细检查几遍，把每分每秒的时间都利用好。

第二种情况：时间与进度齐头并进。 这是较常出现的情况。遇到这种情况，最明智的策略是把这种节奏保持下去，同时如果时间充裕，可以在检查一遍之前答案的基础上，留出一些时间冲击一下最后的难题。**如果做出来，分数会"更上一层楼"；如果实在解不出来，也不会有遗憾。**

第三种情况：**进度落后。**先别慌张，稳住阵脚，我们能赢。通过几次深呼吸，避免大脑进入皮质醇大量分泌的紧张状态，同时对剩下的题目重新做评估，明确哪些可以快速得出结果，哪些可能会耗费大量时间，哪些大概率做不出来。如果时间实在不够并且后面几道题目都很难，你做决策的时候就又到了。你可以果断放弃后面做不出的题目（因为别人也大概率做不出），但必须确保拿下所有基础题型的分数。**撤退并不可耻，因为拿下能拿下的分数才更可贵！**

考试时间的分配是一门学问。

考试初期：统揽全局，制定战略。

考试中期：慢慢审题、不要跳步骤、选择性地跳过难题。

考试后期：根据不同的情况，做出明智的决策。

学会这些，你也有机会成为一场考试中的"战略大师"。

书写策略：马上就能超越 5000 人的技巧

你的字写得好看吗？如果答案是肯定的，那么恭喜你！因为你可能会由于字迹漂亮，而在语文和英语考试中为自己额外争取到 1~2 分的卷面分。

你可千万别小看这 1~2 分，要知道，每年全国参加中考或者高考的人数为 1000 万 ~1500 万。小小的 1 分，很可能就会让你马上超越 5000 人。

好了，问题又来了，如果你目前的字迹还不够好看，怎么办？这一节，我会从短期和长期两个角度，为你找到适合你的整体优化字迹的策略。

短期策略：提升字迹的辨识度和整洁度

如果你马上就要参加中考或者高考，那么在短期内想要从一手"蟹爬"的字练成一手好字是很困难的。但为了争取卷面分，也并非没有短期就能见效的技巧。

我们还是从阅卷老师的角度出发。通常来讲，对于一天要阅读几十篇甚至上百篇作文的阅卷老师来说，对学生的字迹会有3个方面的诉求。

第一，辨识度。阅卷老师在第一眼看到你写的字后，是否能立刻辨识出你写的到底是什么？

第二，整洁度。试卷有没有乱涂乱改，字迹是否密密麻麻，让人看得简直要"密集恐惧症"发作？

第三，美观度。字迹是否赏心悦目，能瞬间降低阅卷疲劳度？

很显然，美观度并非一时之功，但辨识度和整洁度通过短期努力，还是可以提升的。不过，具体要怎么做呢？

除了避免乱涂乱改和字迹潦草外，你还可以从3个角度着手。

第一，字体大小。有些同学喜欢把字写得特别大，过大的字体，其边缘部分会与试卷上方框的上下沿或上下横线连接起来，让字迹辨认变得困难；而过小的字体，则似乎在考验阅卷老师的眼力，看久了眼睛都会酸疼。在考试中，字体大小通常以占方框或上下横线之间的空间的3/4为宜。

第二，字间距。语文考试中作文答题处通常给的是印刷好的方框，因此，几乎不存在字间距的问题；但英语考试中作文答题处往往给的是横线，所以，请务必有意识地让字与字之间有 1~2 毫米的距离。如此一来，一两个字可能未必能见到明显的效果，但几行字写完，合适的字间距就能给人留下卷面相对整洁的印象了。

第三，避免用力过度。部分同学已经拥有了在试卷上把字刻意写好的意识，但他们往往用力过度。比如笔画中的撇，有些仿佛伸长了脚似的，超出方框下沿或下横线几毫米。在这种情况下，如果你的字能自成一种风格，便可能会给人留下不错的印象；可倘若火候未到，则反而会丢失卷面分。

长期策略：提升字迹的美观度

如果你目前离中考或者高考还有 240 天以上的时间，也可以选择每天花 25 分钟，从结构上提升字迹的美观度。

你可能会说："我也练过字啊，但就是没什么效果，所以后来也就坚持不下去了。"是的，很多人都有过练字的经历，然而，只有少数人真正练成了一手好字。我曾经在《了不起的自驱力：唤醒孩子的学习源动力》中讲过一个有关滞后效应的概念。

请你想象一下下面这个场景。

你站在一扇门前，门上有一个按钮，如果你按了好几次，门始终都没开，你可能就会选择放弃；但如果这扇门上还有一个进度条，你每按一下按钮，进度条就会前进一段，这样，你就会有动力按按钮，直到最后，门啪的一声打开。

你曾经的练字行动，其实也是一样的。如果你在练了几次字后，并没有看见明显的进步，自己就会产生挫败感，以至于对练字这件事情提不起兴趣。慢慢地，练字行动也就被你搁置了。

对，练字就具有典型的滞后效应。**滞后效应是指，某个因素产生的影响在一定时间里没有立刻体现出来，而要在一段时间之后才能体现出来。**

那如何才能抵御滞后效应带来的负面影响？怎样才能拥有足够的练字的动力？如何每天花一个番茄钟的时间（25分钟），在240天内练出一手好字呢？

答案是4个字：即时奖励。

你可以在和父母充分沟通的情况下，一边听诸如《明朝那些事儿》《斗罗大陆》等你喜欢的有声小说、广播剧，一边找一本硬笔描红本进行描红练习。前者能让你在听故事的过程中觉得很愉悦；后者则是通过刻意练习，帮助你写好每一个字，使你形成肌肉记忆。

你可能会很好奇，为什么是每天25分钟，连续练字240天呢？因为25分钟×240天/60分钟恰好是100小时。我们说，10000小时的刻意练习，可以让一个人成为世界级的大师；而100小时的刻意练习，则可以让你在某个领域超过身边80%的人。

没错，量变必然会引起质变。当你花费100小时，一边听有声小说和广播剧，一边练字，"写好字"这扇门已经积累了足够多的"按按钮次数"，它对应的进度条就会直抵100%，这扇门必然会在240天后轰然打开。如此一来，你不仅可以收获考试中1~2分的卷面分，这手好字也会伴随你的整个人生。

字迹美观与否，在一场考试中可以决定你能否得到1~2分的卷面分，而小小的1分，又可能让你领先或落后多达5000人。

短期策略：通过控制字体大小和字间距，避免用力过度，可以提升字迹的辨识度和整洁度。

长期策略：连续 240 天每天投入 25 分钟，一边听有声小说和广播剧，一边练习描红，可以克服滞后效应的影响，最终提升字迹美观度，并让一手好字伴随你的一生。

避免粗心：请跳出"错把目标当路径"的误区

我们曾经在讲数学单科的时候，简单地介绍了粗心的原因及其应对策略。这一节，我们将对粗心的话题做进一步展开，为你把粗心这件事情讲透。

错把目标当路径

很多同学在粗心失分的时候，会用"下次要细心一点"来提醒自己。但这种做法有用吗？如果有用的话，为什么还是有那么多人"下一次还是会粗心"呢？事实上，这种做法的本质是同学们陷入了"错把目标当路径"的误区。

这就好比你希望自己能考入年级前 20 名，但光强调目标、光喊口号是没有用的。因为目标在远方，你还需要有前往该目标的路径。只有沿着有效的路径，不断地向前走，你才能在一段时间后真正地抵达目标。

现在，你已经理解了"错把目标当路径"是一个误区，那么具体的路径有哪些呢？这就是我们接下来要详细展开的内容。

路径一：提升审题技巧，避免审题粗心

很多同学由于审题的时候求快，很容易发生审题粗心的情况，比如看错一个小数点、错把加号看成减号、把 6 看成 9 等。

那如何才能避免审题粗心呢？这里有 3 个技巧。

第一，一字不落地阅读。有别于一扫而过，一字不落地阅读要求你在心里把题目的每个字都默读出来，这样有助于克服求快心理，避免按"你以为"的题目要求做题。

第二，圈出每个数字、符号、字母、单位或其他任何重要的关键词。当你有意识地用笔把这些关键词圈出来后，这些内容就更容易被你的大脑重视，继而避免被看错。

第三，给题目中出现的条件标上序号。这样做，一方面可以让你避免误读已知条件，另一方面还能帮助你在解题时确认哪些条件还没有被使用，以便形成解题思路。

通过使用以上 3 个考试技巧，你就在具体审题的时候有了方向和抓手，这要比仅仅提醒自己"下次要细心一点"强太多了。

路径二：善用草稿纸，避免落入凌乱陷阱

一些同学由于平时使用草稿纸的习惯不好，非常随意，而且也从来没有人给他指出过用好草稿纸的好处，所以，他们用过的草稿纸是真正的"草稿"，字迹都难以辨认。这就给他们自己制造了麻烦。

比如验算的时候想要在草稿纸上找初始计算过程，结果怎么都找不到，最后只好浪费时间重新计算一遍；又比如看不清自己之前打草稿的时候写的是什么，最终抄错数字；等等。

那如何才能真正地善用草稿纸呢？一个可行的方法是把一张长方形的草稿纸分成若干块，每次使用 1~2 块。同时，在书写的时候，也尽可能别为了求快把字写得龙飞凤舞。你还记得吗？"慢就是快"，心平气和地慢下来，就可以尽可能地让自己"做正确的事"，一次就做对。

这样，在你做完整张试卷后回过头来验算时，你还能清晰地看到哪一处的草稿对应的是哪一道题目，这样可不就又节省时间了吗？

🧠💡 路径三：换一种计算方式验算，发现自己的粗心

有时候，粗心的情况已经发生了，只不过这个由粗心导致的错误隐藏在已经书写在试卷上的内容里。如何快速地发现它们呢？

除了把答案代入题目中进行检验外，如果时间还有富余的话，你可以选择换一种计算方式进行验算。

因为每个人都存在自己的盲区，哪怕你再小心，沿用原来的计算方法去解题的时候，也有可能掉入同一个陷阱里。此时，换一种计算方式进行验算就是一个非常有效的方法。如果你使用第二种计算方式得出的答案与之前的一致，那么该题大概率就做对了；而如果两次的答案存在出入，那你就很有可能发现了已经发生的粗心情况，可以挽回原本可能失去的分数了。

🧠💡 路径四：列粗心清单，可视化粗心"历史"

如果说前面的 3 条路径都是考场上的技巧，那么第四条路径就是考场外的方法了。每个同学因为习惯不同，粗心的类型也可能不一样。

比如有些人经常会习惯性看错小数点，这种属于输入的粗

心；而有些人则容易将上一步的加号在下一步抄写成减号，这种属于输出的粗心。

所以，如果你决心长效地解决自己的粗心问题，不妨再准备一本活页本，把自己的粗心"历史"分门别类地收录进活页本，并且分析自己到底容易在哪里发生粗心的情况。

这么做，就好像在高速公路上竖起"事故高发路段"路牌，司机在看到路牌后开车会开得慢一点。在考试的前一天，甚至在临考前翻阅一下这本"粗心历史本"，它也能提醒你哪些是你的"粗心高发情况"，这样你在考试中处理该类题目的时候，就能有意识地放慢速度，从而避开经常会落入的陷阱。

路径五：暗示自己是一个细心的人

还记得自证预言吗？是的，这种心理效应在应对粗心这件事情上照样能奏效。因为当你暗示自己是一个细心的人时，在遇到复杂问题的时候，你就更不容易变得不耐烦，更愿意专注于已知条件的探究、草稿纸的有效使用、换一种计算方式验算和罗列粗心"历史"这些具体的行动。

是的，当你通过给自己积极暗示，刻意践行这些路径的时候，你也正在成为一个更细心的人。

粗心是一种普遍现象，而更普遍的情况是，很多人都"错把目标当路径"。为了跳出这种误区，我一共为你准备了 5 条马上就能奏效的路径。

　　路径一：提升审题技巧，避免审题粗心。

　　路径二：善用草稿纸，避免落入凌乱陷阱。

　　路径三：换一种计算方式验算，发现自己的粗心。

　　路径四：列粗心清单，可视化粗心"历史"。

　　路径五：暗示自己是一个细心的人。

　　祝你成为一个更细心的人！

写在最后 |

这是我写完的第 10 本书，根据完成 50 本书的目标，完成进度为 20%。

但是，你别看我已经写了 10 本书，在小学四年级的时候，我的作文可是经常被语文老师退回来，要求重写的。可以说，语文就是我的弱势科目。

但过去，我把弱势科目打磨成了"利器"，在中考、高考中抢回了足够多的分数，让它为我从普通初中、区重点高中、"双一流"本科再到 MBA 的一路"打怪"升级添砖加瓦；现在，写作成了我的第二生命，让我以"著作等身"为愿景去奋斗！

这一切，都是从初中语文老师施惠琳女士评价我的作文风格像《围城》开始的。从那之后，我树立起了写作的信心，并且进行了有针对性的刻意练习。

这些同样可以发生在你的身上。

而且，当时我所处的环境相对闭塞，我无法获得大量准确有效的学习策略；今天，"兵法"在手的你，只要愿意，将比当初的我更有机会抢到想要的分数！

最后，我想对你说："无论你目前的基础如何，你都应该相信自己。**因为真正的战士都会在深夜一手擦拭利剑，一手擦拭额头上的汗水，去迎接第二天的战斗！**"

加油！

最后的最后，希望这本书只是我们成就彼此的开始，欢迎你添加我的微信（heshengjun9837），与我一同修炼，在更高的地方遇见彼此。

何圣君